Horst Klaus Berg / Ulrike Weber

Benjamin und Julius

Horst Klaus Berg / Ulrike Weber

Benjamin und Julius

Geschichten einer Freundschaft zur Zeit Jesu

Mit Illustrationen von Anna Milow

Calwer Verlag Stuttgart

Zu diesem Buch gibt es ein passendes Arbeitsheft. Die 33 niveaudifferenzierten Arbeitsblätter begleiten die Kinder beim Lesen der Lektüre im Religionsunterricht und vertiefen so spielerisch das Gelernte.

Der Inhalt des Buches »Benjamin & Julius« wurde dazu in sechs Abschnitte unterteilt und enthält zu jedem Abschnitt jeweils Wissensfragen (zum Ankreuzen und Ausfüllen), Wortsuchsel und Lückentexte zum Ausfüllen. Auch ein Rezept zum Fladen backen und eine Anleitung zum Basteln einer Amphore sind enthalten.

Arbeitsheft zur Geschichte von Benjamin & Julius
978–3–7668–4578–8 (mit Mengenpreisen für Klassensätze)

Arbeitsblätter zu Benjamin & Julius (mit Lösungen)
Digital erhältlich unter *www.calwer.com*.

Bibliografische Information Der Deutschen Bibliothek

Die Deutsche Bibliothek verzeichnet diese Publikation in der Deutschen Nationalbibliografie; detaillierte bibliografische Daten sind im Internet über *https://www.dnb.de* abrufbar.

ISBN 978–3–7668–3447–8

15. Auflage 2024

Umschlaggestaltung: Karin Sauerbier, Stuttgart
Satz und Herstellung: Karin Class, Calwer Verlag
Druck und Verarbeitung: OSDW Azymut

Internet: www.calwer.com
E-mail: info@calwer.com

Inhalt

Ein Land »wie Milch und Honig«? 9
Aufregung in Benjamins Familie.................. 11
Mit Prügeln fing es an 14
Das Städtchen Kafarnaum 19
In Benjamins Haus.................. 22
Auf dem Feld 26
Beim Dreschen und Worfeln 30
Aus Korn wird Brot 35
Beim Töpfer Ephraim 38
Am Brunnen 41
Ein Besuch bei Onkel Aaron 43
Der alte Jakob.................. 46
Schalom Schabbat!.................. 51
Benjamin muss lernen 53
Nicht allen geht es gut in Kafarnaum 57
Aufregung in Kafarnaum.................. 61
Die große Neuigkeit.................. 69
Jeschua findet Freunde.................. 74
Ist Jeschua der Messias?.................. 75
Ein Skandal!.................. 77
99 + 1 80
Jeschua mag Kinder.................. 82
Streit im »Schalomgarten«.................. 87
Ein nutzloser Feigenbaum 91
Wer ist der Größte? 95
Nur ein paar Ähren?.................. 101
Nachwort 109
Bastelvorlagen 110

HINWEIS

Bei den Geschichten findest du am Rand solche Buchstaben:

A **B** **C**

Sie geben dir Hinweise auf die Bastelbögen am Ende des Buches. Nach und nach kannst du dir ein kleines Städtchen basteln, wie es wohl zur Zeit von Benjamin und Julius ausgesehen hat.

Das Foto zeigt dir, wie das fertige Städtchen aussehen kann.

Und nun: **Viel Spaß beim Lesen und Basteln!**

Hallo!
Wir sind die beiden Hauptpersonen
in dieser Geschichte.

Das Römische Weltreich

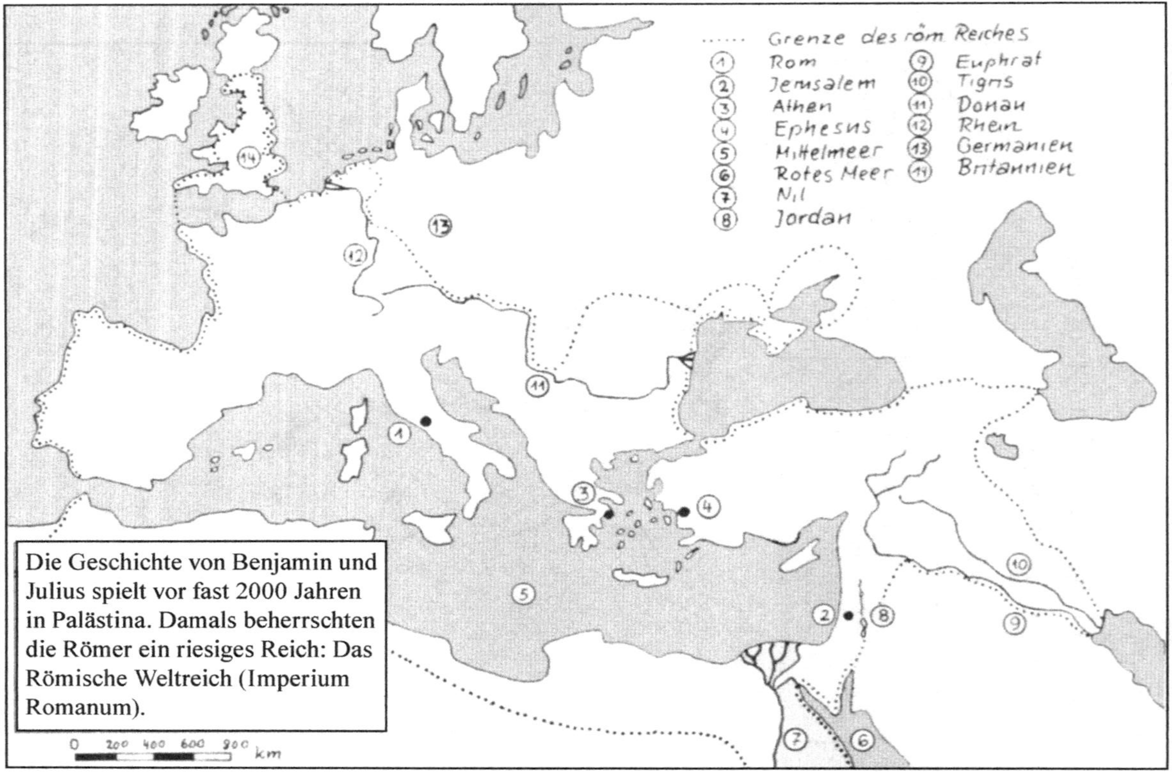

Die Geschichte von Benjamin und Julius spielt vor fast 2000 Jahren in Palästina. Damals beherrschten die Römer ein riesiges Reich: Das Römische Weltreich (Imperium Romanum).

Ein Land »wie Milch und Honig«?

Den Römern war es gelungen, sehr viele Länder zu erobern. Dazu gehörte auch Benjamins Heimat: Palästina, das heutige Israel.
Palästina war ein sehr schönes Land. Lange Zeit bevor Benjamin lebte, hatten seine Vorfahren, die Israeliten, über dieses Land gesagt:
»Es ist ein Land, in dem Milch und Honig fließen!« – so begeistert waren sie über die saftigen Weiden und die guten Äcker.
Weil die Sonne die meiste Zeit des Jahres scheint, wachsen in Palästina herrliche Früchte wie Trauben, Feigen, Datteln, Granatäpfel und Oliven.
Aber die Sonnenhitze hat auch ihre Nachteile: Große Gebiete sind so trocken, dass dort wenig oder gar nichts wächst; solche Steppen und Wüsten gab es auch damals schon in Palästina.

Benjamins Heimatstadt Kafarnaum lag besonders schön: Der See Gennesaret glänzte in der Sonne, die vielen Fischerboote kamen oft mit vollen Netzen heim und die Bauern konnten häufig gute Ernten einbringen.

Es hätte also alles ganz wunderbar sein können – wenn da nicht die Römer gewesen wären:
Die Truppen des römischen Kaisers hatten ganz Palästina unter ihre Herrschaft gebracht. Deshalb waren sie bei den Bewohnern des Landes, den Juden, verhasst. Es gab zwar noch den jüdischen König Herodes, aber auch er musste sich nach den Römern richten.
In dieser Zeit lebte also in der kleinen Stadt Kafarnaum der jüdische Junge Benjamin; er war ungefähr so alt wie du.

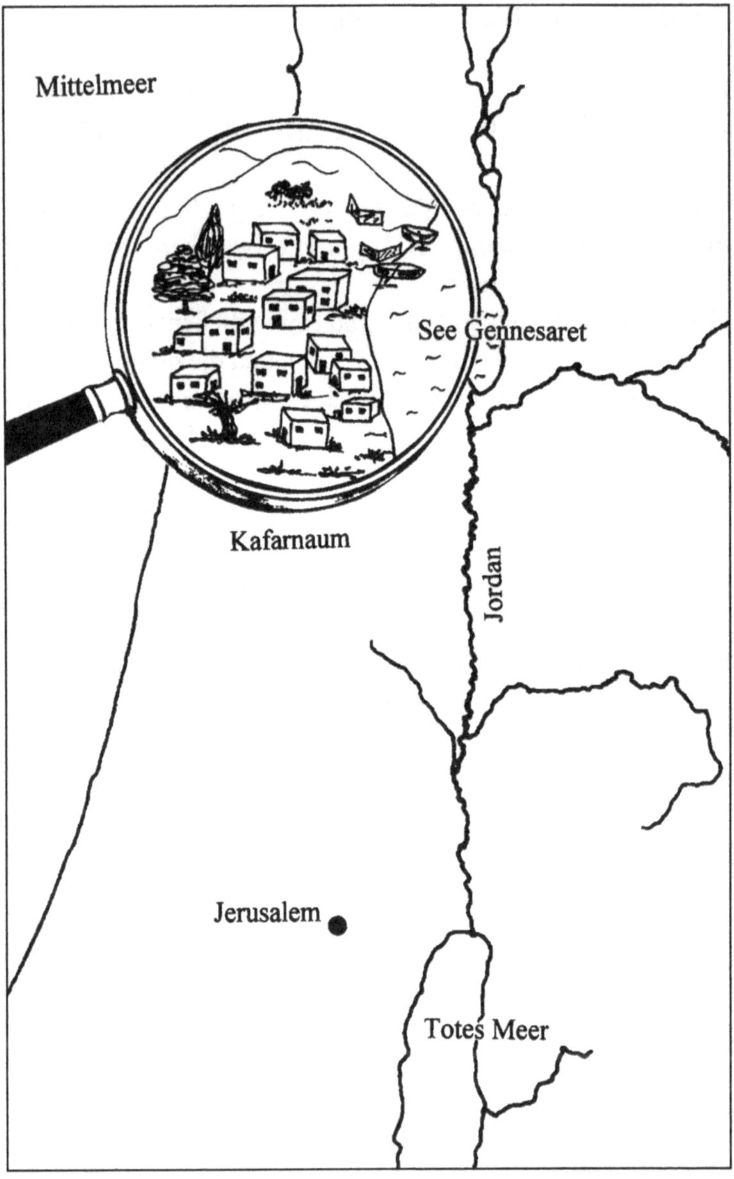
Mittelmeer
See Gennesaret
Kafarnaum
Jordan
Jerusalem
Totes Meer

Aufregung in Benjamins Familie

Benjamins Vater hieß Aram. Er war Bauer – und als Bauer wusste er nur zu gut, was es bedeutete, dass die Römer die Herren in Palästina waren.

An diesem Abend herrschte große Aufregung in dem Städtchen Kafarnaum – und auch in Benjamins Familie wurde lautstark diskutiert:

»Es ist nicht zu glauben!«, wetterte Benjamins Vater, als er abends vom Feld kam. Auch Samuel, Benjamins Großvater, blickte finster drein und murmelte Verwünschungen vor sich hin. Großmutter Rebecca ließ vor Schreck beinahe die Strohmatte fallen, die sie gerade ausbesserte.

»Aram, was ist passiert? Warum regst du dich so auf …?« Esther, seine Frau, machte ein erschrockenes Gesicht.

»Was hat Benjamin denn jetzt schon wieder angestellt?«, mischte sich Sara schadenfroh ein.

»Ältere Schwestern sind wirklich eine Landplage!«, fauchte Benjamin. »Ich habe heute …«

»Ruhe jetzt!«, brüllte Aram fuchsteufelswild. »Als ob es nicht genug Ärger gibt – da brauche ich eure ständigen Streitereien nicht auch noch.«

Hanna, Benjamins kleine Schwester, fing vor Schreck an zu weinen.

»Also, Aram, was ist denn los?« Mirjam, Benjamins Tante, nahm Hanna auf den Schoß.

Aram schnaufte wütend: »Dieses Dreckspack, Gesindel, Blutsauger …«

»Aha, mal wieder die Römer!«, rief Benjamin dazwischen, und Samuel nickte traurig.

»Natürlich – wie könnte es auch anders sein? Wer sonst sorgt

hier immer für Scherereien? Die Römer und ihre Handlanger!«, brauste Aram auf.
»Was ist denn passiert?«, fragten Esther und Sara wie aus einem Mund.
Beide sahen sehr besorgt aus.
»Was passiert ist? Schon wieder haben sie die Steuern erhöht! Nun muss jeder noch mehr von seiner Ernte abgeben – und dabei konnten wir doch schon im letzten Monat kaum genug zusammenkratzen! Ich weiß wirklich nicht, wie es für uns und die Tiere noch reichen soll. Wollen die denn, dass wir alle verhungern?«
»Aber warum brauchen die Römer denn jetzt noch mehr zu essen?«, fragte Benjamin.
»Ich habe auch Hunger!«, maulte Hanna, aber niemand beachtete sie weiter. Mirjam griff hinter sich in einen Korb und brach Hanna ein Stück Fladenbrot ab.
»Zu essen haben die genug – und mehr als genug! Aber denen geht es nicht nur ums Essen! Sie wollen Geld, Geld, Geld ...« Aram fuchtelte vor Wut mit den Fäusten wild in der Luft herum.
»Ach, Aram, reg dich doch nicht so auf. Du weißt doch, dass es dir nur schadet – und ändern kannst du doch nichts!« Rebecca versuchte ihn zu besänftigen.
»Aber wofür denn nur?«, bohrte Benjamin hartnäckig weiter. »Die Römer haben doch schon alles, was sie brauchen – sie wohnen in schönen Häusern außerhalb der Stadt, müssen längst nicht so hart arbeiten wie wir und ...«
»Ja, vielleicht wäre es den römischen Soldaten hier egal. Aber der Kaiser Tiberius in Rom ist da ganz anderer Meinung – er möchte noch reicher und noch mächtiger werden! Seine riesigen Heere kosten viel Geld. Und er selbst lebt in Saus und

Braus. Die schönsten und größten Paläste sind für ihn gerade gut genug – und seine rauschenden Feste verschlingen unser Geld.«

»Und das müssen wir alles bezahlen?«, fragte Esther.

»Pah – wenn es nur das wäre … das ginge ja noch. Aber nicht nur die Römer sind die Blutsauger: Auch unser König Herodes will in Pracht und Herrlichkeit leben – er kommt sich doch vor wie ein zweiter Tiberius. Und die Großgrundbesitzer, von denen wir unsere Äcker gepachtet haben … sie wollen auch immer mehr! Jeden Denar pressen sie aus uns heraus, bis wir nicht mehr können.«

Aram sah auf einmal sehr müde und verzweifelt aus und in Esthers Augen glitzerten Tränen. Mirjam und Rebecca schauten stumm zu Boden.

»Ich hasse alle Römer!«, schrie Benjamin wütend, als er seine Eltern so niedergeschlagen sah. »Ich werde gegen sie kämpfen!«

»Ach Benjamin«, seufzte Samuel, »was sollen wir schon gegen die römischen Soldaten ausrichten?«

Mit Prügeln fing es an …

Auch im Lager der römischen Soldaten vor den Toren Kafarnaums gab es einige Aufregung: Vor zwei Tagen war der neue Kommandeur Cassius mit seiner Familie aus Rom angekommen. Er sollte die neuen Gesetze des römischen Kaisers durchsetzen und dafür sorgen, dass die Juden keinen Ärger machten. Cassius galt als sehr strenger Kommandeur – kein Wunder, dass die Soldaten nervös waren.

Der ganze Stolz von Cassius war sein Sohn Julius. Auch er sollte einmal Kommandeur werden!
Aber Julius interessierte sich noch nicht so sehr für die große Politik. Ihn beschäftigten ganz andere Dinge: Was war das bloß für ein Provinznest, in das er geraten war? Gab es hier kein Theater, kein öffentliches Bad, keine Paläste? Alles, was er bisher gesehen hatte, waren kleine, einfache Häuser und natürlich der große See in der Ferne.
Sein Vater hatte keine Zeit ihm die Umgebung zu zeigen. Er sagte bloß:
»Du darfst in die Stadt gehen – verlaufen kannst du dich in diesem Nest wohl kaum. Schau dir alles an, was dich interessiert. Ich gebe dir einen Soldaten als Wache mit.«
»Was, ich soll mit einem Kindermädchen spazieren gehen?« Julius war ganz entrüstet. »Ich dachte, wir Römer sind hier die Herren – also, was kann mir schon passieren!«
»Na gut, meinetwegen. Aber pass gut auf und sei zum Abendessen pünktlich zurück. Ich kann es nicht leiden, wenn ich warten muss.«
Zufrieden machte sich Julius auf den Weg. Er reckte sich, damit er ein bisschen größer aussah. Er stolzierte ganz aufrecht daher – so hatte er es bei seinem Vater gesehen. Ein bisschen fühlte er sich schon wie ein Kommandeur, der sein neues Gebiet in Besitz nimmt.
Er machte sich auf den Weg nach Kafarnaum. In der Mittagshitze war weit und breit kein Mensch zu sehen. Aber Julius stellte sich vor, dass alle Einwohner des Städtchens zusammengeströmt waren, um ihn als neuen Kommandeur zu begrüßen.
Er schreckte erst aus seinen Träumen auf, als ihm jemand auf dem staubigen Weg entgegenkam.
»Oh, da kommt ein Junge. Der ist bestimmt von hier. Wie

praktisch – den kann ich gleich nach dem Weg fragen. Und wehe, der kommt mir dumm – ich bin schließlich nicht irgendwer, sondern ein Römer! Ich sage nur ›Cassius‹ – dann wird er schon den Kopf einziehen.«

Als der fremde Junge nur noch ein paar Schritte von Julius entfernt war, blieb er stehen. Auch Julius ging langsamer. Misstrauisch sahen sie sich an.

»Bist du von hier?«, fragte Julius, aber der andere verzog nur das Gesicht:

»Ich rede nicht mit Römern«, sagte er verächtlich. »Ihr seid doch alle nur hier, um uns auszusaugen. Ihr seid alle Blutsauger, Ratten, Ausbeuter! Hau doch ab, du hast hier nichts zu suchen!«

Julius blieb vor Überraschung fast der Mund offen stehen. Aber dann ging er einen Schritt näher und schrie zurück:

»Blutsauger, sagst du? Wer ist hier ein Blutsauger? Was glaubst du eigentlich, wer vor dir steht? Du miese kleine Wanze? Mein Vater ist hier der neue Kommandeur und heißt Cassius – und ich bin Julius, sein Sohn! Und ich werde später auch Kommandeur! Und: Was mein Vater sagt, das müsst ihr alle tun. Wenn du noch einmal Blutsauger sagst, dann ...« Er hielt ihm seine geballte Faust dicht unter die Nase.

Doch der fremde Junge drückte mit der Hand die Faust zur Seite:

»Gib nicht so an. Wenn dein Vater auch Kommandeur ist, hast du noch lange nichts zu sagen. Glaub ja nicht, dass ich Angst vor dir habe. Ihr Römer seid auch nur mit dem Mundwerk stark! Ein Maulheld bist du!! Komm doch her, wenn du dich traust!«

Das konnte Julius sich nicht gefallen lassen – und schon war die wildeste Prügelei in Gang.

Sie wälzten sich im Staub … hin und her ging die Rauferei, bis Julius auf einmal so gewaltig niesen musste, dass der andere eine Staubwolke ins Gesicht bekam.
Da mussten beide lachen – sie hörten mit Prügeln auf und klopften sich den Staub aus den Kleidern.
Sie schauten sich an und dachten beide: »Der sieht eigentlich ganz nett aus. Vielleicht kann man miteinander reden.«
»Mit wem habe ich denn die Ehre? Ich bin jedenfalls Julius, Sohn des berühmten Kommandeurs Cassius.«
»Bilde dir bloß nichts ein! Du bist auch nichts Besseres. Übrigens – ich heiße Benjamin, Sohn des weniger berühmten Bauern Aram. Aber deswegen bin ich noch lange keine Wanze!«
»Und ich keine Ratte! Also, reg dich nicht so auf – ich habe nichts gegen euch Juden! Komm, wir wollen uns vertragen!«
Benjamin nickte zögernd.
»Was machst du hier – außerhalb von eurem Quartier, Julius?«
»Ich wollte mich umschauen; wir sind nämlich erst vor zwei Tagen angekommen. Hast du Lust, mir deine Stadt zu zeigen?«
»Ja, schon! Aber was werden meine Eltern sagen? Sie sehen es bestimmt nicht gern, wenn ich mit einem römischen Jungen zusammen bin. Mein Vater wird immer gleich so wütend, wenn es um Römer geht.«
Julius schaute Benjamin erstaunt an:
»Warum das denn? Er kennt mich doch gar nicht! Ich habe ihm doch nichts getan!«
»Du nicht – aber die anderen Römer. Für uns seid ihr Fremde! Und oft müssen wir sehr unter euch leiden. – So ganz genau verstehe ich es auch nicht. Aber mein Vater schimpft immer nur über die Römer.«

»Ach, immer diese Erwachsenen – verderben einem jeden Spaß! Oder magst du die Römer auch nicht?«
Benjamin zuckte mit den Schultern:
»Ich weiß nicht – ich kenne eigentlich keinen. Du bist der Erste, mit dem ich spreche, sonst gehen wir euch Römern immer aus dem Weg.«
»Können wir nicht trotzdem Freunde werden?«
»Ich weiß auch nicht«, Benjamin sah sich unsicher um. »Wir können es probieren«, meinte er schließlich. »Hast du Lust, mit zu uns zu kommen? Ich zeig dir, wo wir wohnen.«
»Aber wenn dein Vater doch keine Römer mag ...?«
»Mein Vater und mein Großvater sind um diese Zeit bestimmt nicht daheim – und mit meiner Mutter kann man eher reden!«

Das Städtchen Kafarnaum

Benjamin und Julius liefen einen schmalen Pfad entlang, der zum See Gennesaret führte. Auf einem kleinen Hügel blieben sie stehen.
Julius war begeistert, als er den großen See vor sich liegen sah:
»Bei Jupiter! Der See ist noch blauer als das Meer, über das ich gekommen bin. Und solch einen großen See habe ich noch nie gesehen!«
»Mir gefällt der See am besten, wenn es stürmisch ist – dann hat das Wasser ganz viele Farben: Blau, grau, grün. Und es sieht auch sehr hübsch aus, wenn die Fischer frühmorgens vom Fischen kommen«, lachte Benjamin.
»Wo sind die Fischer denn jetzt?«

»Jetzt sind sie am Ufer – sie ordnen und flicken ihre Netze, reparieren die Boote und reden miteinander. Komm, du wirst es gleich sehen können.«
Sie liefen hinunter zum See. Die Fischer beachteten sie kaum, aber Julius schien es, als ob sie ihm und Benjamin neugierig hinterherschauten.
»Mein Onkel Aaron ist auch Fischer«, erklärte Benjamin, »vielleicht können wir mit ihm einmal auf den See hinausfahren.«
»Du, das wäre wahnsinnig toll! Wenn ich das meinen Freunden in Rom erzähle – die platzen vor Neid. Von denen war noch nie jemand beim Fischen!«

Kurz darauf bogen sie in eine schmale Straße ein, die in die Stadt führte.
»Wie merkwürdig die Häuser hier aussehen, ganz anders als in Rom.«
»Warum – wie wohnt ihr denn?«
»Bei uns zu Hause sind die Häuser aus Stein oder sogar aus kostbarem Marmor. Sie sind ziemlich groß und sie haben auch viel mehr Fenster. Eure Häuser sind ja winzig … und woraus sind sie eigentlich gemacht?«
»Die sind aus Lehmziegeln gemacht, die wir selber herstellen. Und viele Fenster können wir hier gar nicht brauchen. Große Fenster sehen ja vielleicht sehr schön aus, aber sie lassen zuviel Sonne ins Haus. Und bei der Hitze hier sind wir froh, wenn es drinnen kühl bleibt. – Schau! Da ist schon unser Haus!«

In Benjamins Haus

»Ich glaube, ich warte lieber hier an der Ecke, bis du mit deiner Mutter geredet hast«, murmelte Julius.

»Ach was«, meinte Benjamin, »sie wird dich schon nicht fressen! Schau, da ist meine kleine Schwester Hanna. – Hallo, Hanna, ist Mutter da?«

Hanna sah Julius mit großen Augen neugierig an, sagte aber nur:

»Geht rein, sie fegt gerade. Und Tante Mirjam und Oma kochen Linsenbrei für das Abendessen. Linsen mag ich gern!«

Benjamin und Julius gingen ins Haus. Julius blieb vorsichtshalber im Schatten des Eingangs stehen.

»Hallo, Mutter, ich habe einen neuen Freund«, legte Benjamin sofort los.

»Benjamin, wie siehst du denn aus?«, zeterte Tante Mirjam. »Erst gestern habe ich deinen Kittel geflickt und heute hat er schon wieder zwei große Risse! Und dreckig bist du – was hast du denn angestellt?«

»Ist doch egal!« Benjamin hatte jetzt Wichtigeres im Kopf!

»Also, Benjamin ...«, rief die Großmutter.

»So, so. Wo ist denn dein neuer Freund?« Benjamins Mutter stützte sich auf den Besen und sah sich um. Schließlich entdeckte sie Julius und musterte ihn von oben bis unten.

Julius fing ein bisschen an zu stottern: »Ja, ich, also ...«

»Lass nur, ich sehe schon, du bist ein römischer Junge. Benjamin, wie kannst du nur? Du weißt doch ...! Wenn Vater das erfährt ...« Sie sah ihn strafend an.

»Ja, ja, ich weiß. Aber Mutter, Julius ist doch neu hier ...«

»Benjamin, ich habe ja nichts gegen den Jungen – aber das ist einfach kein Umgang für dich!«, tadelte seine Mutter weiter.

»Woher willst du das wissen? Du kennst Julius doch gar nicht!«, maulte Benjamin. »Und geprügelt haben wir uns auch schon!«
»Und wieder vertragen!«, ergänzte Julius, der noch immer in der Ecke stand.
Benjamins Mutter musste unwillkürlich lächeln. »Na, wenn es so ist, müsst ihr euch ja gut verstehen. Aber ob Vater einverstanden ist, das weiß ich nicht. – Na, jetzt seid ihr erst mal da.«
»Und wer darf wieder den Kittel flicken?«, murmelte Tante Mirjam missmutig. »Na, gib schon her!«

Ein Anfang war gemacht! Julius atmete erleichtert auf. Dann fing er an, neugierig umherzuschauen. Hier gab es nur einen großen Raum. Von der Decke hing eine Öllampe; es war ziemlich schummrig. Hinten gab es einen erhöhten Teil; dort lagen die aufgerollten Schlafmatten und Felle. In einem einfachen Regal standen Schüsseln und Krüge aus Ton.
Julius wollte gerade anfangen, Benjamin über alles auszufragen, da bekam er von hinten einen Schubs.
»He, was soll das?« Julius drehte sich um – und musste lachen: Es war die Ziege, die ihn schubste.
»Gehören die bei euch auch zur Familie, Benjamin?«
»Ja, auch die Tiere haben ihren Platz im Haus. Da sind sie sicher vor den wilden Tieren, und an kühlen Tagen ist das Haus schön warm. Aber sie müssen hier unten bleiben, denn sonst ist nichts mehr vor ihnen sicher.«
»Und wohnt ihr hier etwa alle in diesem einen Raum?«
»Ja, Julius, einen Palast haben wir nicht. Wir leben hier mit acht Personen: Meine Großeltern, meine Eltern, meine Tante, meine beiden Schwestern und ich – und natürlich die Tiere.«

»Aber wenn es schon so eng ist – warum wohnt denn deine Tante auch noch hier?«

Mirjam blickte von ihrer Arbeit auf: »Weißt du, Julius, mein Mann ist vor drei Jahren gestorben. Wenn Benjamins Eltern mich nicht aufgenommen hätten, müsste ich heute betteln. Wovon sollte ich denn sonst leben? Männern geht es da besser. Sie haben einen Beruf und können bei anderen Leuten arbeiten. Aber wir Frauen können das nicht und müssen schauen, dass die Familie uns aufnimmt.«

Julius war ein bisschen verlegen – aber nach kurzer Zeit fragte er weiter: »Warum sind eure Krüge so groß? Daraus kann doch kein Mensch trinken.«

»Ist doch klar! Darin hat die Mutter Korn und Oliven, in anderen Öl und Wein. Und Wasser gibt es in dem Schlauch aus Tierhaut, der an der Decke hängt.« Benjamin war ganz in seinem Element: Er wollte seinem neuen Freund alles genau erklären.

Inzwischen war auch Hanna hereingekommen und versteckte sich schüchtern hinter ihrer Mutter: »Ich habe Hunger, Mama.«

»Ach du Schreck, ist es schon so spät?«, meinte Julius. »Jetzt muss ich aber schnell heim, sonst schickt mein Vater noch Soldaten aus, um mich zu suchen! Vielleicht kann ich dich mal wieder besuchen, Benjamin. – Also: Auf Wiedersehen! Das heißt übrigens ›ave‹ in unserer Sprache.«

»Und wir sagen ›schalom‹ – das bedeutet: Frieden«, sagte Benjamin zum Abschied.

A

Auf dem Feld

Ein paar Tage hatte Benjamin nichts mehr von Julius gehört. Ob er doch nur einer von diesen eingebildeten Römerjungen war, auf die man sich nicht verlassen konnte?
Immer wieder ging Benjamin zu der Stelle, wo er Julius zum ersten Mal getroffen hatte. Und tatsächlich, heute sah er ihn schon von weitem.
»Wo bist du denn so lange gewesen?«, maulte Benjamin ihn an.
»Ich wollte schon längst wieder vorbeischauen, aber mein Vater war ein paar Tage fort – und ein Mann musste ja im Haus bleiben«, verteidigte sich Julius.
»Na, das kann ich einsehen! – Schön, dass du endlich gekommen bist. Mein Vater und mein Großvater möchten dich unbedingt kennen lernen ... hoffentlich mögen sie dich, sonst dürfen wir uns nämlich nicht mehr sehen. Aber meine Mutter hat schon ein gutes Wort für uns eingelegt.«
»Sind sie jetzt auf eurem Feld?«
»Ja, heute ist die ganze Familie draußen. Bei der Ernte müssen nämlich immer alle mithelfen; ich sollte eigentlich auch mit aufs Feld.«
»Dann lass uns hingehen.« Julius war schon ganz aufgeregt.
»Ja, komm! Wir müssen uns beeilen! Mein Vater wollte mich eigentlich sowieso nicht gehen lassen.«
Die beiden Jungen mussten halb um Kafarnaum herumlaufen, bis sie endlich bei dem Feld ankamen. Eine ganze Menge Leute war emsig beschäftigt.
So etwas hatte Julius noch nie gesehen: Samuel und ein paar Männer aus der Nachbarschaft arbeiteten mit seltsamen krummen Messern; die Frauen trugen große Strohbüschel mit sich

herum. Aber er hatte gar nicht so viel Zeit, sich alles genau anzusehen, denn bald standen sie auch schon vor Benjamins Vater, der ihn von oben bis unten sehr kritisch musterte.
»Das ist mein neuer Freund Julius!«, stellte Benjamin ihn vor.
»Schalom«, nuschelte Julius, denn das hatte er sich letztes Mal in Benjamins Haus gemerkt – und er wollte doch Benjamins Vater unbedingt gefallen.
»Schalom«, erwiderte Aram mit ernster Miene. »Eigentlich sind wir alles andere als begeistert, wenn Benjamin mit einem Römerjungen befreundet ist – und das habe ich ihm auch deutlich gesagt ... – aber er hat mir ständig in den Ohren gelegen. Und sogar Esther, meine Frau, fing immer wieder damit an.«
»Schalom, schalom ...« Etwas anderes fiel Julius in seiner Hilflosigkeit nicht ein. Er wäre am liebsten im Erdboden versunken.
»Na ja«, lenkte Aram ein, »wenn du schon unsere Sprache sprichst, musst du ja wirklich ein guter Freund von Benjamin sein; vielleicht bist du ja anders als die Römer, die ich kenne.«
»Heißt das, ich darf dableiben?«, stammelte Julius.
»Gut – ich habe weiter nichts dagegen. Aber Benjamins Großvater hat auch noch ein Wort mitzureden. Da drüben arbeitet er.«
Benjamin zog Julius hinter sich her: »Opa! Das ist Julius, von dem ich euch schon so viel erzählt habe. Vater hat nichts gegen ihn.« Benjamin schaute seinen Großvater an, als wollte er fragen: »Und du? Was sagst du zu unserer Freundschaft?«
Als Großvater Samuel schwieg, bot Julius sich an:
»Ich könnte auch gleich etwas mithelfen, arbeiten werde ich schon können!«

Der alte Samuel sah Julius freundlich an:
»Ja, was will man da noch sagen!«, meinte er und strich sich mit den Fingern durch den Bart: »Aber vorher wollen wir uns noch stärken und einen Schluck Wasser trinken. Ich habe meinen Wasserschlauch dort bei dem großen Stein in den Schatten der Palme gelegt.«
Nach dem langen, staubigen Weg tat ein Schluck Wasser sehr gut.
Julius musste an Rom denken, wo sie bei solcher Hitze nie aus dem Haus gegangen waren. Aber er hatte gar keine Zeit für Heimweh, denn er musste sich wieder vieles erklären lassen:
»Was machen die denn alle hier?«, wollte Julius wissen.
Benjamins Vater sah ihn erstaunt an:
»Ja, hast du denn daheim nicht bei der Ernte helfen müssen? Na, dann kommt beide mal mit – für Benjamin wird es auch wieder Zeit, dass er mitarbeitet.«
»Was sollen wir denn tun?«, fragte Julius gespannt.
»Pass auf, dort drüben sind die Schnitter an der Arbeit, das sind die Männer mit den Sicheln, die das Getreide abschneiden. Das ist keine Arbeit für euch. Geht ihnen also aus dem Weg.«
»Aber was können wir dann machen?«, drängelte Julius.
»Komm, ich zeige es dir.« Benjamin zog Julius mit sich zu den Frauen, die mit den eigenartigen Büscheln hantierten.
»Ich stell dir auch gleich meine große Schwester Sara vor – es ist die Zweite dort hinten, die mit dem Kopftuch. Den Rest der Familie kennst du ja schon.«
»Und was kann ich jetzt machen?«
»Hier wird das geschnittene Getreide zu Garben zusammengetragen und gebunden. Dabei können sie uns gut gebrauchen.«

Julius hatte schnell heraus, was zu tun war, und bemühte sich mit den anderen mitzuhalten. Aber nach einiger Zeit setzte er sich auf den Boden und verzog das Gesicht.
»Was hast du denn?«, fragte Benjamin.
»Mir tut sooooo der Rücken weh – ich glaube, der bricht gleich durch«, stöhnte Julius.
Benjamin lachte: »Da sieht man halt, dass du solche Arbeit nicht gewöhnt bist. Komm, wir machen einen Moment Pause – und dann zeige ich dir eine andere Arbeit, bei der dein Rücken wieder gerade wird.«
Die beiden Jungen schlenderten langsam zum Feldrand.
»Du, Benjamin, nimm's mir nicht übel, aber ich kann dir heute nicht länger helfen. Ich muss unbedingt zum Essen zu Hause sein, sonst wird mein Vater sehr wütend!«
»Ist schon in Ordnung – komm doch einfach morgen zu uns ans Haus; dann zeige ich dir, was mit dem geernteten Getreide gemacht wird.«
»Schalom«, rief Julius ihm zu und rannte los.
»Ave«, schrie Benjamin ihm nach, »bis morgen …!«

B

Beim Dreschen und Worfeln

Am nächsten Morgen konnte Julius es kaum erwarten, bis die Mutter ihn endlich gehen ließ.
Als er bei Benjamins Haus ankam, waren die Männer im Hof schon fleißig bei der Arbeit.
Esther und Mirjam waren im Haus eifrig dabei, viele Fladenbrote zu backen; Sara half der Großmutter: Sie rollten die Schlafmatten auf und fegten den Boden.

»Hallo, Julius!«
»Hallo, Benjamin! Sag mal, was macht denn bloß der Ochse? Der läuft ja immer bloß hin und her! Und was zieht er hinter sich her?«
»Das ist ein Dreschschlitten, Julius«, erklärte Benjamin geduldig. »Schau, hier auf dem Boden liegt das Getreide, das die Männer auf dem Acker geschnitten und die Frauen zusammengebunden haben.«
»Oh je«, jammerte Julius, »hör bloß auf. Wenn ich an gestern denke, tut mir immer noch der Rücken weh! Wie halten die Frauen das bloß aus?«
»Daran gewöhnt man sich bald«, meinte Benjamin.
»Ich glaube, ich könnte mich daran nicht gewöhnen – in Rom hat man für solche Arbeiten Sklaven! – Ich glaube, ich werde doch lieber Kommandeur ...« Julius sah Benjamin von der Seite an und grinste.
Benjamin gab ihm einen kräftigen Stoß in die Rippen. Aber dann wurde er ernst: »Weißt du, Julius, Sklaven gibt es hier in Palästina auch. Die reichen Großgrundbesitzer haben oft viele Sklaven. Es kommt immer wieder vor, dass kleine Bauern wie wir hohe Schulden haben. Bleibt dann in einem Jahr der Regen aus und es gibt eine schlechte Ernte, kann der Bauer seine Schulden nicht bezahlen. Manchmal bleibt nur noch ein Ausweg: Der Bauer muss eins seiner Kinder oder sogar seine Frau als Sklaven verkaufen!«
»Was?!« Julius erschrak. »Du könntest als Sklave verkauft werden? Das glaube ich nicht!«
»Doch, das stimmt. In den großen Städten gibt es sogar besondere Märkte für Kindersklaven. Manchmal, wenn ich daran denke, habe ich große Angst.«
Julius schwieg betroffen.

»He, steht hier nicht im Weg herum!«, rief ihnen Sara zu. »Hier wird heute gearbeitet – und nicht geschwätzt!«
Sie warteten einen Moment, bis der Ochse wieder an ihnen vorbei war – dann zog Benjamin Julius quer über den Hof.
»Was macht der Ochse denn da mit dem Schlitten?«, wollte Julius wissen.
»Der Schlitten ist aus schweren Brettern gemacht und drückt die Körner aus den Ähren. Der Ochse zieht ihn immer wieder über das Getreide, bis alle Körner heraus sind. – So, und wir haben es heute gut! Wir dürfen uns auf den Dreschschlitten stellen, damit er noch schwerer wird.«
»Gut!« Julius grinste. »Das ist eine prima Arbeit!«
Die beiden Jungen ließen sich im Hof hin und herziehen – das machte wirklich Spaß!
Aber staubig war es! Julius musste immer wieder niesen.
»Was ist das bloß für ein Staub, Benjamin, der da durch das Hoftor weht?«
»Das kommt vom Worfeln; wir schauen es uns nachher an«, erklärte ihm Benjamin.
In diesem Moment rief Tante Mirjam alle zusammen:
»Vesper!«
Augenblicklich blieb der Ochse stehen und fing an zu fressen.
»Pass auf, Benjamin, der frisst all die schönen Körner, die wir gedroschen haben!«, schrie Julius entsetzt.
Aber Benjamin blieb ganz ruhig und sah dem Ochsen beim Fressen zu. Dabei erklärte er Julius, wie er die Sache sah:
»Weißt du, der Ochse hat viel mehr gearbeitet als wir, darum darf er einen Augenblick fressen. Bei uns gibt es ein altes Sprichwort. Es heißt: ›Du sollst dem Ochsen, der drischt, keinen Maulkorb anlegen‹. Danach richten wir uns!«
Dann lachte Benjamin und zwinkerte seinem Freund zu:

»Aber unseren Mund darf man natürlich auch nicht zubinden, was Julius? Komm, es gibt was zum Futtern.«
Es gab Fladenbrot und Ziegenmilch. Hmmm – das schmeckte!

Nach der Pause zeigte Benjamin Julius das Worfeln.
Draußen vor dem Hoftor, wo der Wind kräftig wehte, standen der Großvater und der Tagelöhner Ruben mit großen Holzschaufeln vor einem Haufen gedroschenem Getreide. Immer wieder warfen sie es mit ihren Schaufeln in die Luft.
»Was soll denn das? Muss das Getreide gelüftet werden?«
»Nein, natürlich nicht!« Benjamin musste lachen. »Wenn das Getreide gedroschen ist, sind noch die Reste von den Ähren dabei. Wenn es hochgeworfen wird, fallen die schweren Körner auf den Boden. Die leichten Ährenreste, die Spelzen, trägt der Wind fort.«
»Das ist praktisch«, meinte Julius, »sonst müsste man ja die Körner einzeln mit der Hand herauslesen. – Aber jetzt weiß ich auch, woher der Staub kommt, von dem ich vorhin beim Dreschen immer niesen musste.«
Julius sah Ruben fragend an:
»Ob ich auch einmal versuchen darf zu worfeln?«, bat er.
»Warum nicht?«, sagte Ruben und drückte Julius die Schaufel in die Hand.
Julius warf das Korn in die Luft – aber was kam dabei heraus? Er hatte das Getreide nicht weit genug nach vorn geworfen – und jetzt regnete es Korn und Spelzen!
»Ich glaube, ich schau doch lieber zu!«, meinte Julius kleinlaut.

C

Aus Korn wird Brot

Als die beiden Freunde sich nach einiger Zeit wieder trafen, tat Benjamin sehr geheimnisvoll:
»Gut, dass du heute so früh gekommen bist. Es gibt wieder etwas Neues für dich zu sehen. Meine Mutter und Sara mahlen um diese Zeit immer Korn. Außerdem ist heute Backtag, da treffen sich alle, die Lust haben, am großen Ofen mitten in der Stadt.«
»Warum backt ihr denn nicht wie sonst in eurem eigenen kleinen Steinofen?«
»Einmal in der Woche wird der große Ofen auf dem Marktplatz für alle angeheizt.«
Heute sah der Hof ganz anders aus als neulich beim Dreschen. Alles war sehr sauber gefegt. Esther und Sara kamen aus dem Haus und setzten sich neben zwei Steinen auf den Boden.
Sollte das etwa die Mühle sein? Für Julius sah sie sehr merkwürdig aus! Auf dem Boden lag ein großer runder Stein mit einer Mulde in der Mitte. – Er sah fast aus wie eine große flache Schüssel. In dieser Schüssel lag ein etwas kleinerer, flacher Stein mit einem Holzgriff: der Mahlstein.
Sara nahm eine Handvoll Körner aus der geflochtenen Schale und warf sie in die Mühle hinein. Nun fingen beide an, den Mahlstein im Kreis zu bewegen.
»Schau, Julius«, forderte Benjamins Mutter ihn auf. »Der Stein zerquetscht die Körner. Nach einer Weile haben wir gutes Mehl.«

Bald ging es ans Fladenbacken. Großmutter Rebecca vermischte das Mehl mit Wasser und etwas Salz; in einem Tontopf hatte sie vom letzten Backen etwas Sauerteig aufgehoben.

Den gab sie jetzt zu dem Teig dazu und formte daraus dünne, tellergroße Scheiben. Dabei durften Benjamin, Julius und Hanna mithelfen.
Einen Rest des Teiges legte Sara wieder in den Tontopf.
»Das ist fürs nächste Mal«, erklärte sie Julius, der sie schon wieder fragend ansah. »Ohne den Sauerteig gehen die Fladen nämlich nicht auf!«
Es dauerte eine ganze Weile, bis die Fladen aufgegangen waren. Sara legte sie auf flache Bastschalen, immer einen auf den anderen.
»Kommt, ihr beiden, jeder von euch kann auch eine Schale zum Backofen tragen«, rief Tante Mirjam – und schon hatte Julius einen flachen Korb mit Fladen auf dem Kopf.
»Lass ihn bloß nicht fallen«, sagte Benjamin, »sonst gibt es Ärger!«
»Ich pass schon auf.«
Julius musste sehr vorsichtig sein, denn heute war viel los auf der Straße. Viele Frauen mit ihren Kindern waren unterwegs zum Backofen.
Bald sahen sie auch schon den großen Ofen. Heiß war es hier! Sie mussten eine Weile warten, bis sie an der Reihe waren. Benjamins Mutter und Tante Mirjam nutzten die Zeit, um mit einigen anderen Frauen die wichtigsten Neuigkeiten auszutauschen. Endlich waren sie an der Reihe und sie konnten zum Ofen gehen. Die Mutter nahm eine Teigscheibe nach der anderen und klatschte sie im heißen Ofen an die Wand.
»Verbrennen die denn nicht bei der Hitze?« Julius traute seinen Augen nicht.
»Nein, dazu haben sie keine Zeit«, erklärte Mirjam. »Du wirst sehen – in kurzer Zeit sind sie fertig und fallen von der Ofenwand ab. Dann muss man sie schnell aus der Glut ziehen.«

Und wirklich: Im Handumdrehen waren die Fladen fertig; Benjamin und Julius durften einen probieren.
»So was Gutes habe ich noch nie gegessen«, schwärmte Julius, »hoffentlich wird bald wieder Brot gebacken, wenn ich da bin!«

D

Beim Töpfer Ephraim

Als Julius ein paar Tage später wieder zu Benjamin kam, sah sein Freund ziemlich unglücklich aus.
»Was ist denn mit dir los? Ist dir eine Laus über die Leber gelaufen?«, fragte Julius.
»Keine Laus, aber ein Teller. Er ist mir heute Morgen heruntergefallen und meine Mutter hat geschimpft. Nun muss ich zum Töpfer Ephraim und einen neuen holen. Sonst muss ich heute Abend vom Fußboden essen. – Kommst du mit?«
»Klar doch, da gibt es bestimmt wieder viel zu sehen. Los, komm!«
Die beiden Jungen trabten los. Bald waren sie beim Haus des Töpfers angekommen.
Im Hof stand ein Gestell mit einer hölzernen Scheibe oben drauf. Der Töpfer saß auf einem Mauervorsprung und stieß diese Scheibe mit geschickten Bewegungen an, so dass sie sich gleichmäßig drehte. Oben auf der Scheibe lag ein Klumpen Ton, den der Töpfer beim Drehen knetete und formte.
»Schalom«, grüßten die beiden Jungen.
»Schalom«, antwortete der Töpfer Ephraim.
Er blickte nur kurz auf und lächelte sie an. Die beiden Jungen

sahen ihm eine Weile bei der Arbeit zu. Schließlich platzte Julius heraus: »Und aus diesem Klumpen Dreck sollen Teller und Töpfe werden? Können Sie wirklich alles aus Ton formen?«

»Was soll es denn sein?«, schmunzelte Ephraim.

»Ich habe einen Teller zerbrochen und soll einen neuen holen«, sagte Benjamin kleinlaut.

»Einen Teller kann ich schon formen«, meinte der Töpfer und lachte Benjamin aufmunternd an. »Aber du kannst ihn nicht einfach gleich mitnehmen.«

»Aber warum denn nicht? Benjamins Mutter braucht ihn doch dringend.« Julius fing schon wieder an sich aufzuregen.

»Junger Mann, bei dieser Arbeit muss man etwas mehr Geduld haben. Der Teller muss erst trocknen und dann im Ofen gebrannt werden, bevor man ihn benutzen kann. Oder willst du ihn etwa so mitnehmen? Komm her, fass ihn mal an.«

Julius berührte den Teller vorsichtig mit dem Zeigefinger, und schon hatte er eine kleine Delle hineingedrückt.

»Siehst du«, sagte Ephraim, »es braucht alles seine Zeit. Natürlich würde der Teller auch in der Sonne trocken und hart, aber er würde sich nach ein paarmal Abwaschen wieder in Tonerde auflösen. Darum muss er gebrannt werden, dann wird er viel fester. Kommt, seht euch den Brennofen an.«

Die Jungen gingen mit dem Töpfer zum Ofen. Er war aus Ziegelsteinen gemauert und mit Lehm verputzt. Ephraim schob ein paar neue Holzstücke in das Feuerloch und fachte die Glut mit dem Blasebalg kräftig an. Das war eine Hitze! Benjamin und Julius waren richtig froh, als Ephraim mit ihnen zu seinem kleinen Lager ging und sagte:

»So, jetzt hole ich einen fertigen Teller aus dem Regal. Der hält bestimmt! – Und lass ihn nicht gleich wieder fallen!«

»Bestimmt nicht! und vielen Dank«, sagte Benjamin, »und meine Mutter kommt dann zum Bezahlen. Schalom!«
»Schalom!« Ephraim winkte ihnen noch lange mit seinen lehmigen Händen nach.

E

Am Brunnen

Heute war ein schwüler Tag – schon vormittags lag lähmende Hitze über der Stadt Kafarnaum; die Luft über dem See und den Gassen flimmerte, die Tiere suchten alle einen schattigen Platz und es waren kaum Menschen zu sehen.
Julius kam der Weg zu seinem Freund Benjamin heute endlos vor. Als er in die Gasse einbog, in der Benjamins Haus stand, freute er sich schon mächtig auf einen Schluck kühles Wasser. Er kam sich vor wie ein ausgetrocknetes Blatt, als er schließlich in der Tür stand.
»Puh, ist das heute eine glühende Hitze – ich könnte einen ganzen Brunnen leer trinken«, stöhnte er und wischte sich mit dem Handrücken über die Stirn.
»Hallo, Julius«, begrüßte ihn Benjamins Mutter. »Leider muss ich dich enttäuschen, wir haben keinen eigenen Brunnen. Und unser Wasserschlauch ist leer bis auf den letzten Tropfen; den Rest hat gerade Hanna bekommen.«
»Und das Wasser aus der Zisterne kann ja kein Mensch trinken!« Benjamin schüttelte sich angeekelt.
Julius war ganz erstaunt: »Aber eure Tiere trinken doch auch daraus!«
»Ja, für die ist es schon recht. Aber wenn das Regenwasser, das wir in der Zisterne sammeln, ein paar Tage steht, schmeckt es

faulig und alle möglichen kleinen Viecher schwimmen darin herum. Nein, danke!«
Julius sah Benjamins Mutter erschrocken an: »Müssen wir jetzt alle verdursten?«
»Nein, ganz so schlimm steht es noch nicht«, lachte Esther, »aber jemand muss zum Brunnen laufen und Wasser holen.«
»Das kann doch Sara machen«, fauchte Benjamin.
Aber Mutter schüttelte den Kopf: »Sara ist zum Holzsammeln hinunter zum Olivenhain gegangen und Tante Mirjam ist bei den Männern auf dem Feld und ich kann auch nicht weg. Heute müsst ihr schon selber für Wasser sorgen!«
»Was«, schrie Benjamin entrüstet, »das ist Frauenarbeit! Das geht uns Männer nichts an! Wo kommen wir denn da hin?«
»Ja, dann weiß ich auch keinen Rat – dann müssen die zwei jungen Männer wohl doch verdursten. Und auf ihre gekochten Linsen können sie auch lange warten – die gibt es dann eben roh!«
Hanna fing an zu weinen und schluchzte: »Dann muss ich ja auch noch verhungern, nicht nur verdursten.«
»Also los, Benjamin«, sagte Julius großmütig, »bevor wir noch schuld sind, wenn deine Familie ausstirbt, gehen wir wohl doch besser zum Brunnen.«
»Aber nur ausnahmsweise«, maulte Benjamin. Er holte den großen Wasserkrug und setzte ihn sich geschickt auf den Kopf.
Am Brunnen herrschte heute Hochbetrieb: Frauen und junge Mädchen füllten ihre Krüge. Nebenher hatten sie aber immer noch Zeit für ein Schwätzchen.
»Typisch Weiber«, murmelte Benjamin, »nichts als Geschwätz im Kopf!«
Als die Frauen die beiden Buben kommen sahen, gab es ein

reges Getuschel und Gekicher. Benjamin bekam richtig rote Ohren und sah grimmig um sich. Aber es blieb ihm nichts anderes übrig, als sich auch in die Reihe zu stellen, um seinen Krug zu füllen. Als sie dran waren, schöpfte Julius gleich mit beiden Händen das kühle Wasser und trank gierig. Benjamin nahm sich dafür keine Zeit. Er hatte nur einen Wunsch: Schnell wieder weg; hier hatten sie nichts verloren.

F

Ein Besuch bei Onkel Aaron

Ein paar Tage später war Julius noch zeitiger als sonst auf den Beinen.
»Morgen früh nehme ich dich mit zu meinem Onkel Aaron«, hatte Benjamin ihm versprochen.
Julius war schon ganz aufgeregt: »Hoffentlich mag Onkel Aaron mich! Und hoffentlich kommt jetzt nichts dazwischen – denn wenn ich zu spät komme, sehe ich nicht, wie die Fischer ihre Boote entladen.«
Julius schlang hastig sein Frühstück hinunter und rannte los, bevor sich seine Mutter irgendeine Aufgabe für ihn ausdenken konnte.
Benjamin stand schon in der Tür: »Los, los, du Schlafmütze – die Fische warten nicht!«
Sie rannten die Gassen hinunter zum Ufer. Gerade kamen die letzten Boote zum Strand. Einige Fischer hatten schon begonnen ihren Fang auszuladen.
Benjamin trieb Julius an: »Komm, dort hinten hat mein Onkel Aaron seinen Stammplatz. Schau, da ist er schon«, jubelte Benjamin und rannte los.

Julius kam etwas zögernd hinterher – er hatte doch ein bisschen Herzklopfen! Aber Onkel Aaron rief ihm zu: »Komm nur, ich habe schon von dir gehört! Benjamins Mutter kann dich ja ganz gut leiden – und selbst mein strenger Schwager Aram spricht freundlich von dir. Dann sollst du mir auch willkommen sein.«

»Schalom und danke«, stotterte Julius verlegen. »Vielleicht kann ich mich ja sogar ein bisschen nützlich machen?«

»So wie neulich beim Worfeln?«, neckte ihn Benjamin und erzählte Onkel Aaron die Geschichte.

Onkel Aaron schüttelte sich vor Lachen und meinte:

»Na, die Fische muss man nicht extra worfeln – da können dir also keine auf den Kopf fallen. Los, kommt, ihr könnt mir tatsächlich ein bisschen helfen.«

Onkel Aaron wuchtete die schweren Körbe voll Fisch aus dem Boot und erklärte: »Die kleinen Fische werden eingesalzen; so halten sie sich lange. Die größeren werden getrocknet. Die besten legt ihr bitte in diese Kiste – sie werden in die große Stadt Magdala gebracht. Von dort transportiert man sie nach Jerusalem oder an die Mittelmeerküste. Vielleicht kommen diese hier sogar bis nach Rom? Fische aus dem See Gennesaret sind dort sehr gefragt!«

»Rom? Oh, toll!«, rief Julius. »Vielleicht isst diesen hier meine Großmutter Antonia …, sie mag soooo gern Fisch.« Julius kam richtig ins Träumen.

»Ja, wer weiß«, stimmte ihm Onkel Aaron zu.

»Dürfen wir dir noch beim Aufhängen der Netze helfen?«, bettelte Benjamin.

»Natürlich«, lachte Onkel Aaron, »gemeinsam geht es viel besser als allein.«

G

Der alte Jakob

»Ich glaube, ich muss meinen alten Freund Jakob mal wieder besuchen – der wird dir bestimmt gefallen, Julius«, meinte Benjamin am nächsten Tag.

»Von dem hast du mir ja noch gar nichts erzählt!«, beschwerte sich Julius.

»Ja, weißt du, meine Eltern sind nicht so begeistert, wenn ich ihn besuche; Jakob ist nämlich Hirte!«

»Ja, und?«

»Na ja, die Hirten gehören wirklich nicht gerade zur feinen Gesellschaft – sie leben die meiste Zeit mit ihren Schafen im Freien. Sie sind oft etwas grobe, ruppige Gesellen und nicht immer sehr ordentlich und sauber. Viele Leute behaupten auch, dass sie unehrlich sind, und stellen sie mit Räubern und Banditen auf eine Stufe.«

Julius sah ein bisschen beunruhigt aus: »Ja, ist es dann nicht gefährlich, ihn zu besuchen?«

»Nein, bestimmt nicht«, beruhigte ihn Benjamin, »die einzige Gefahr ist, dass du hinterher nach Schaf stinkst. Mein Freund Jakob ist der netteste Erwachsene, den ich kenne. Er weiß herrliche Geschichten und kann wunderbare kleine Hirtenflöten machen.«

»Und du meinst, ich kann einfach mitkommen?«, zögerte Julius.

Aber statt einer Antwort packte Benjamin ihn einfach am Handgelenk und zog ihn mit sich.

Sie liefen zum Stadttor hinaus und den schmalen Pfad auf die grasigen Hügel hinauf. Schon von weitem konnte man die Schafe blöken hören; ab und zu kläffte ein Hund.

Heiß war es wieder und die beiden Buben kamen ordentlich

ins Schwitzen. Oben von der Kuppe sahen sie dann endlich die Schafe, die eifrig an dem kurzen trockenen Gras rupften. Auch an den niedrigen Büschen knabberten sie herum.
Schon kam einer der Hütehunde auf die beiden Jungen zugerannt und blieb bellend vor ihnen stehen. Aber Benjamin lachte nur: »Was soll denn das, Roba, kennst du mich nicht mehr?« und klopfte ihm herzhaft auf den Rücken. »Ah, da kommt ja auch schon Jakob!«
Julius konnte eine gebeugte Gestalt erkennen, die langsam aus dem Schatten eines Olivenbaums trat. Als sie auf ihn zuliefen, sah Julius, dass Jakob schon ziemlich alt sein musste: Sein Gesicht war faltig und der lange Bart schon recht grau. Aber die Augen blitzten energisch unter den buschigen Augenbrauen hervor.
»Wer ist da?«, rief er und hob seinen langen Stab.
»Ich, Benjamin, und das hier ist mein Freund Julius.«
»Ich freue mich, dass du wieder einmal heraufgekommen bist, mein Junge.« Jakob nahm Benjamin in den Arm. »Aber wen hast du denn da mitgebracht? Ist das nicht ein Römerjunge?« Jakob runzelte die Stirn.
»Ja, ich bin ein römischer Junge«, sagte Julius tapfer.
Und Benjamin fuhr fort: »Außerdem ist er mein Freund – also musst du ihn auch mögen!«
»Dann ist es ja gut«, brummte Jakob. »Deine Freunde sind auch meine Freunde!«
Sie gingen langsam zu dem Olivenbaum zurück und ließen sich im Schatten nieder. Jakob zog seinen Wasserschlauch unter einem großen Stein hervor und reichte ihn den Jungen. »Trinkt, ihr habt sicher Durst.«
Julius konnte seine Augen nicht von Jakob abwenden. Er sah ganz anders aus als die Männer im Dorf: Sein weiter Mantel

war an vielen Stellen geflickt und überall hingen Strohreste daran. Alles an ihm schien mit einer Staubschicht überzogen zu sein. Seine Sachen hatte Jakob zur Seite gelegt. Da gab es einen langen Stab und einen kurzen dicken Stock, eine Schleuder und eine abgewetzte Ledertasche.
Jakob bemerkte die neugierigen Blicke des Jungen.
»Du weißt wohl nicht viel über Hirten? Soll ich dir erklären, wofür ich die Sachen brauche?«
Julius nickte etwas verlegen.
»Den langen Stab hier brauche ich, wenn ich auf Felsen klettern muss. Er ist auch recht nützlich, um Zweige und Äste, die im Weg sind, abzuschlagen. Zwischendurch muss ich auch ein Schaf antreiben, das sehr trödelt.«
»Und der dicke kurze Stock mit den Eisenstücken dran – wofür ist der gut?«
»Das ist kein Stock«, meinte Jakob, »das ist meine Keule. Die brauche ich, wenn ich meine Schafe gegen Raubtiere schützen muss.«
»Erzähl doch die Geschichte vom Wolf!«, mischte Benjamin sich ein.
Nicht ohne einen gewissen Stolz kam Jakob der Bitte nach: »Ja, neulich hat es ein Wolf geschafft, sich an meinen Hunden vorbeizuschmuggeln – er wollte sich wohl gerade ein Schaf aussuchen –, aber da bemerkte ich die Unruhe in der Herde! Ich sprang auf und ging mit der Keule auf das Untier los. Ich habe ihm einen ordentlichen Schlag versetzt! Da verging ihm wohl der Appetit und er nahm Reißaus! – Du siehst also, die Keule ist für einen Hirten sehr wichtig.«
»Manchmal benutzt du ja aber auch die Schleuder«, rief Benjamin dazwischen.
»Darf ich sie sehen?« Julius sah Jakob bittend an.

»Hier ist sie!« Jakob langte danach und erklärte: »Hier in die Mitte, in die Schleuderpfanne, legt man einen kleinen, glatten Stein. Ich habe immer einige hier in der Ledertasche. Dann schwingt man die Schleuder über dem Kopf. Wenn sie genug Schwung hat, lässt man ein Ende los und der Stein saust davon. Da möchte ich kein Schakal oder Wolf sein.«
»Toll!«, staunte Julius. »Das muss ja ein spannendes Leben sein, das ihr Hirten führt. Das wäre etwas für mich.«
Jakob lachte: »Ach, weißt du, meistens ist es hier ziemlich ruhig – dann kann ich den lieben langen Tag meinen Schafen zuschauen.«
»Und dabei …« Benjamin zwinkerte Julius zu.
»Ja, natürlich, ich weiß schon, was du meinst. Du willst wissen, ob ich wieder eine Flöte geschnitzt habe, du Bengel!« Während er redete, langte Jakob in seine Ledertasche und zog eine einfache Flöte aus Schilfrohr heraus. Er setzte sie an die Lippen und blies eine kleine Melodie.
Dann reichte er sie Julius: »Die schenke ich dir, damit du den alten Jakob nicht vergisst.«
Julius wurde rot vor Freude und probierte seine Flöte sofort aus.
»Na, da musst du wohl noch ein bisschen üben!«, neckte ihn Jakob.
»Darf ich noch etwas fragen?« Julius wirkte etwas verlegen.
»Nur zu«, ermunterte ihn Jakob. »Willst du noch etwas über Roba und meine anderen Hunde wissen?«
»Nein, das eigentlich nicht – sondern – aber – also: Du bist doch so ein lieber alter Mann. Warum mögen viele Leute euch Hirten nicht?«
Jakob war von dieser Frage etwas überrascht; er war aber kein bisschen beleidigt. »Ach, das sind die feinen Leute aus der Stadt. Für sie ist es leicht, jeden Tag wie aus dem Ei ge-

pellt auszusehen. Aber wir Hirten verdienen sehr wenig und müssen darum oft mit geflicktem Zeug herumlaufen. Nachts schlafen wir bei unseren Schafen – wir wickeln uns in unseren Mantel ein und liegen einfach auf dem Boden. Da bleibt schon mal Stroh oder Lehm am Mantel hängen. Und wenn wir dann aussehen wie die Räuber, dann meinen die in der Stadt gleich, wir sind auch welche!« Jakob war ordentlich in Fahrt gekommen. »Und dabei haben wir Hirten berühmte Vorfahren. Unser großer König David, der vor 1000 Jahren lebte, war ein Hirte! Und Mose auch! Aber daran will sich heute niemand mehr erinnern!«
»Typisch Erwachsene!«, wetterte jetzt Julius, »ich finde, Hirte ist der tollste Beruf, den es gibt. Wenn ich nicht Kommandeur werden kann, werde ich Hirte.«
»Dann kannst du ja bei Jakob in die Lehre gehen«, grinste Benjamin.

H

Schalom Schabbat!

Als die beiden Buben sich nach dem Besuch bei Jakob voneinander verabschiedeten, sagte Benjamin:
»Morgen kannst du nicht kommen, da ist Schabbat – oder wie ihr sagt: Sabbat.«
»Sabbat? Was ist denn das?«, wunderte sich Julius.
»Das ist für uns ein wichtiger Tag! Immer am letzten Tag der Woche ist für uns ein Ruhetag. So steht es in den Geboten Gottes. An diesem Tag dürfen wir uns von der Plagerei der Woche ausruhen; ja, wir dürfen nicht einmal die kleinste Arbeit verrichten.«

»Was, ihr dürft nicht arbeiten?« Julius war tief beeindruckt.
»Ja, Julius, die Vorschriften muss man ganz genau beachten. Man darf zum Beispiel kein Feuer anzünden, nicht kochen, keine weiten Wege gehen …«
»Ja, was tut ihr denn den ganzen Tag? Ist das nicht schrecklich langweilig?«
»Eigentlich nicht. Der Schabbat fängt schon heute abend an, wenn es dunkel wird. Dann ruft uns die Mutter – sie hat eine besonders leckere Mahlzeit gekocht und das Haus schön hergerichtet. Zuerst gehen wir Männer in die Synagoge zum Gottesdienst. Zu Hause singen wir dann ein Lied und der Vater spricht einen Segensspruch. Wir können uns viel mehr Zeit zum Essen lassen und miteinander reden.«
»Und was macht ihr morgen den ganzen Tag?«
»Da können wir etwas länger schlafen, dann halten wir Schabbat-Gottesdienst in der Synagoge. Daheim sitzen wir gemütlich zusammen, der Großvater erzählt Geschichten, wie es früher in unserem Volk zugegangen ist …«
»Auch über König David?«, fragte Julius.
»Ja, natürlich. Von König David sind übrigens auch viele schöne Lieder, die wir singen.«
»Und sonst tut ihr nichts?«
»Der Schabbat ist für uns ein richtiger Tag zum Ausruhen. Da sollen wir gar nichts arbeiten.«
»Das würde mir auch gefallen. – Sag mal, Benjamin, wie kommt es eigentlich, dass ihr jede Woche so einen schönen Tag für euch habt?«
»Dazu hat mein Großvater auch etwas erzählt. In den heiligen Geschichten unseres Volkes heißt es, dass Gott die Welt in sechs Tagen gemacht hat. Am siebten Tag, erzählt man sich, hat er sich ausgeruht und sich über die schöne Welt gefreut. –

Das war der erste Schabbat! Und darum dürfen wir heute noch an jedem siebten Tag Schabbat feiern und uns freuen.
Oh – jetzt muss ich aber sausen, die Sonne geht ja bald unter, und der Schabbat fängt an! Schalom Schabbat, Julius, einen schönen, friedlichen Sabbat!«
»Schalom Schabbat, Benjamin«, murmelte Julius und ging nachdenklich heim.

Benjamin muss lernen

Als Julius an einem schönen Morgen zu Benjamin kam, lief der ihm eilig entgegen:
»Ich habe jetzt keine Zeit, Julius, ich muss in die Synagoge.«
»Synagoge? Was tust du denn da? Heute ist doch nicht Schabbat! Und warum hast du keine Zeit? Kann ich nicht wenigstens mitkommen?«
»Ich glaub nicht, Julius. Weißt du, die Synagoge ist unser Bethaus, das dürfen nur wir Juden betreten. Aber ich will unseren Rabbi Maleachi fragen, ob du durch das Fenster schauen darfst, weil du ja mein Freund bist. – Also, komm!«
Die beiden Jungen gingen durch die engen Gassen. Julius hatte viel zu fragen: »Was tust du in der Synagoge, Benjamin?«
»Ich lerne dort lesen und schreiben und alles, was für unsere Religion wichtig ist.«
»Aha«, meinte Julius, »dann ist das eine Schule?«
»Ja, so könnte man sagen, aber die Synagoge ist auch ein Bethaus, in dem wir immer wieder Gottesdienst feiern.«
»Wo sind eigentlich deine Schwestern? Müssen sie nichts lernen?«

»Klar, die müssen auch lernen – aber nicht in der Synagoge. Meine Schwestern lernen alles, was sie brauchen, bei meiner Mutter. Frauen sind bei uns hauptsächlich für die Familie zuständig.«

»Und über die Religion lernen sie nichts?«

»Doch, doch, über Religion auch, aber nur zu Hause und nicht in der Synagoge. Da lernen nur wir Männer.«

»Und der Rabbi, von dem du sprachst, ist das euer Lehrer?«

Benjamin gab geduldig Auskunft: »Ja, so ähnlich. Er ist aber auch für die Erwachsenen da. Er kennt die Heilige Schrift und das Gesetz und kann die Leute beraten.«

Jetzt waren sie auch schon bei der Synagoge angekommen. Tatsächlich durfte Julius durch das Fenster schauen: Der Rabbi und die Jungen hatten sich kleine Kappen auf den Kopf gesetzt, und alle standen vor einem großen Schrank vorn im Raum. Der Rabbi öffnete den Schrank und hob vorsichtig eine große Rolle heraus. Er rollte sie ein Stück weit auf; Julius konnte erkennen, dass die Rolle beschrieben war.

»Das ist sicher Pergament«, dachte er.

Da hörte er den Rabbi sagen: »Komm her, Benjamin, heute bist du mit Lesen dran.«

Benjamin kam nach vorn und stellte sich vor die Rolle.

»Wie soll Benjamin das bloß schaffen«, dachte Julius, »diese merkwürdige Schrift und dann die vielen Zuhörer!«

Aber es ging ganz gut.

Der Rabbi hatte einen kleinen Stab in der Hand und zeigte Benjamin, wo es weiterging. Julius war richtig stolz auf seinen Freund.

Nach dem Lesen bekam jeder Junge Lederriemen in die Hand, an denen kleine Kästchen befestigt waren. Diese Riemen mussten sie sich um den linken Arm wickeln – genau wie der

Rabbi es ihnen vormachte. Bei den kleineren Jungen gab es ein ziemliches Durcheinander!
Julius verstand nicht, worum es bei diesem eigenartigen Gewickel ging. Es wurde ihm bald langweilig und er spazierte etwas um die Synagoge herum.
Aber dann kamen die Jungen auch schon wieder heraus.
»Was ist denn das für eine komische Rolle, aus der du da gelesen hast?« Julius war doch etwas neugierig geworden.
»Das ist keine komische Rolle, sondern unsere Heilige Schrift, die Tora.« Benjamin war fast ein bisschen beleidigt, aber er erzählte dann doch weiter: »In jedem Gottesdienst wird ein Abschnitt daraus vorgelesen. Das dürfen alle jüdischen Männer, immer abwechselnd.«
»Klar! Darum müsst ihr auch gut lesen können!«
»Genau so ist es. Und weil unsere Schrift so schwierig ist, hilft uns der Rabbi mit dem Zeigestab. Sein Ende ist wie eine kleine Hand geformt – so kann man sich nicht in den Zeilen verirren.«
»Und die Riemen, was ist mit denen?« Julius war immer noch nicht zufrieden.
»Das sind die Gebetsriemen, die jeder jüdische Mann täglich daheim beim Gebet anlegt. In den kleinen Kästchen sind winzige Schriftrollen, auf denen heilige Worte stehen. Sie erinnern uns an Gott und an die Tora. Man muss sie richtig anlegen können, damit alles seine Ordnung hat.«
Julius war sichtlich beeindruckt: »Ihr habt wirklich viele Dinge, die euch immer wieder an Gott erinnern. Das finde ich prima – sowas gibt es in unserer Religion nicht.«
»Nein?« Benjamin sah Julius überrascht an. »Dann denkt ihr wohl nicht so oft an eure Götter?«
Julius sah etwas verlegen aus und Benjamin fragte nicht weiter.

Nicht allen geht es gut in Kafarnaum

Bei seinem Spaziergang rund um die Synagoge waren Julius Leute aufgefallen, die er bisher noch nicht bemerkt hatte.

»Ist hier in der Nähe ein Lazarett?«, fragte er, »die Leute sehen alle krank und schwach aus.«

»Nein.« Benjamin runzelte die Stirn, »so etwas haben wir nicht. Wer bei uns krank ist und keine Familie hat, die sich um ihn kümmert, ist schlecht dran. Der muss dann irgendwie für sich selbst sorgen. Viele setzen sich an die Straße und betteln. Manche, die eine besonders schlimme Krankheit haben, müssen sogar die Stadt verlassen; sie hausen dann in irgendwelchen Hütten oder Höhlen.«

»Was?« Julius war empört. »Wenn bei uns ein Soldat krank wird, kommt er ins Lazarett und wird gut versorgt. Alle kümmern sich um ihn, damit er schnell wieder gesund wird!«

Benjamin schüttelte energisch den Kopf. »Ja, bei einfachen Krankheiten ist das schon in Ordnung – aber wenn jemand blind ist oder sogar eine schlimme, gefährliche Krankheit hat, muss man sich von ihm fernhalten. Bei den Leuten stimmt doch was nicht. Sie haben doch alle gegen Gottes Gesetze verstoßen! Sonst würden sie doch nicht so von Gott bestraft! Und mit solchen Leuten hat man besser nichts zu tun!«

Julius sah Benjamin entsetzt an: »Du meinst, sie sind selber schuld an ihrem Schicksal?«

»Na klar! Schau sie dir doch an – die sehen alle so komisch aus, so dreckig und stinkend!« Benjamin war seiner Sache ganz sicher.

Julius wurde richtig wütend: »Ist ja kein Wunder, dass sie so aussehen – wenn sie wie Tiere leben müssen; ach was – da haben es eure Tiere ja noch gut: Die dürfen ins Haus und werden versorgt ...«

»Aber sie sind ja auch selber schuld«, beharrte Benjamin auf seiner Ansicht.

In diesem Augenblick wurden sie durch eine laute Stimme unterbrochen: »Helft mir doch, Erbarmen!«

Da saß ein alter Mann am Straßenrand.

»Ach, das ist nur der alte Barjona. Den kennt hier jeder.« Benjamin machte eine abfällige Handbewegung.

Barjona hatte eine dreckige Binde vor den Augen und sah ganz jämmerlich aus. Die Haare hingen ihm strähnig ins Gesicht, seine Kleidung war schmutzig und zerrissen. Immer wieder wischte er sich mit seinen schmierigen Händen die Fliegen aus dem Gesicht.

Manche, die vorübergingen, warfen ihm eine Münze hin. Dann krächzte der alte Mann:

»Dank, Freund. Der Messias wird dich für die gute Tat belohnen.« Halblaut murmelte er vor sich hin: »Ach, wenn er doch bald kommen würde, um uns zu erlösen. Dann werde ich sicher auch wieder gesund! Niemand muss mehr Angst haben, alles wird gut.«

»Warum hilft denn keiner dem alten Mann?«, bohrte Julius schon wieder.

»Dem ist nicht zu helfen. Ich habe es dir doch gerade schon erklärt: Entweder der Mann selber hat gegen Gottes Gesetze verstoßen – oder jemand aus seiner Familie! Und das ist jetzt seine gerechte Strafe!«

»Gibt es denn für ihn keine Rettung?« Julius sah Benjamin erschrocken an.

»Nein, eigentlich nicht. Vielleicht ist das einmal anders, wenn der Messias kommt ...«

Nachdenklich gingen die Jungen zu Benjamins Haus. Dort weichte Tante Mirjam gerade Linsen für das Nachtessen ein; der Vater war auch da. Er besserte zusammen mit dem Großvater den Dreschschlitten aus.

»Darf ich etwas fragen?«

»Ja, gern, Julius.« Benjamins Vater sah ihn freundlich an.

»Wer ist eigentlich dieser Messias, von dem der alte Bettler sprach, der bei der Synagoge sitzt?«

»Weißt du, unserem Volk geht es nicht gut; wir sind arm und unfrei – das ist dir als römischer Junge ja nichts Neues.«

Julius wurde ein bisschen rot, aber Samuel erklärte ganz ruhig: »Wir hoffen, dass Gott uns einen Retter schickt, der uns befreien und erlösen wird. Er wird ein mächtiger und gerechter König sein – so wie unser großer König David vor langer Zeit.«

»Nein«, schrie Benjamin dazwischen, »der Messias ist noch viel mächtiger als der König David. Er kommt mit einer riesigen Himmelsarmee und er wird uns befreien und alle Römer vertreiben und ins Meer jagen …!«

»Und was soll dann aus mir werden?«, jammerte Julius.

»Na, bei dir macht er sicher eine Ausnahme!« Benjamin grinste.

Benjamins Vater fuhr fort: »Wir Juden hoffen, dass der Messias ein neues Reich aufbauen wird: ein Königreich, in dem jeder gut leben kann, in dem es Frieden, Schalom, gibt!«

»Und wann kommt er, euer Messias?«

»Das weiß nur Gott allein«, erklärte der Vater ernst, »wir müssen warten und Geduld haben.«

Nun mischte sich auch Benjamins Mutter ein:

»Viele erzählen sich Geschichten von Jeschua, dem Rabbi aus Nazaret.«

Julius fiel ihr ins Wort: »Jeschua? Das ist aber ein komischer Name!«
»Der Name ist nicht komisch!«, erklärte Rebecca, »Jeschua – oder: Jesus, wie ihr sagt – bedeutet in unserer Sprache: ›Gott hilft‹; das ist doch ein schöner Name, oder?«
Esther sprach weiter: »Und vor allem macht dieser Mann aus Nazaret seinem Namen alle Ehre. Er soll schon Menschen geheilt haben und er spricht von Gott, unserem Vater im Himmel. Aber wie ich gehört habe, redet er ganz anders von Gott als unser Rabbi. Einige sagen sogar: Jeschua ist der Messias!«
»Und warum weiß man das nicht so genau?«, fragte Julius, »gibt es denn kein Zeichen, woran man ihn erkennen kann?«
»Ich bin auch unsicher«, sagte Benjamins Vater, »es wird über diesen Jeschua erzählt, dass er sich mit Bettlern und Kranken trifft und sie seine Freunde nennt; diese Leute haben wieder Hoffnung, weil sich endlich mal wieder jemand um sie kümmert. Und diese Menschen sagen natürlich: Das ist unser Messias!«
»Na, das ist ja klar – wenn ich ein Bettler wäre, dem Jesus geholfen hat, würde ich auch sagen: Er ist der Messias.«
Samuel nickte: »Viele unserer Priester sind aber ganz anderer Meinung. Sie sagen: Dieser Jeschua ist verrückt – er spielt sich auf wie der Retter und beachtet unsere alten Gesetze nicht. Sie halten es für unmöglich, dass sich der richtige, große Messias um Arme, Bettler, Kranke und Krüppel kümmert. Dieser Jeschua ist ein Schwindler, sagen sie.«

K

Aufregung in Kafarnaum

Als Julius wieder einmal seinen Freund Benjamin besuchen wollte, herrschte ungewöhnlich viel Betrieb in den Gassen. Überall standen Leute und steckten die Köpfe zusammen. Alle redeten durcheinander: »Habt ihr schon gehört? – Rabbi Jeschua aus Nazaret kommt in unsere Stadt. – Den muss man gesehen haben! – Ja, es wird so viel über ihn erzählt ...!«

»Das muss dieser Jeschua sein, von dem Benjamins Leute neulich gesprochen haben«, dachte Julius. Ganz aufgeregt lief er zu Benjamins Haus. Sein Freund kam ihm schon entgegen.

»Los, das ist aufregend, wir müssen unbedingt dabei sein!«

Die beiden Jungen drängten sich durch die Menge nach vorn. Sie kamen gerade zur rechten Zeit. Eben stolzierte der Bürgermeister Manasse mit würdigen Schritten aus dem Rathaus und blieb auf der obersten Treppenstufe stehen. Er setzte eine wichtige Miene auf und erkundigte sich mit dröhnender Stimme: »Was ist denn hier los?«

»Er kommt, er kommt!«, rief der Töpfer Ephraim und fuchtelte wild mit seinen lehmigen Händen vor dem Bürgermeister herum.

»Ja, wir sind gerettet«, jubelte Ephraims Tochter Rut aus vollem Halse.

»Hoffentlich kommt er bald, der Messias – ich will nicht mehr lange warten!«, fiel ihr Ruben, der Tagelöhner, ins Wort.

»Ruhe!«, brüllte der Bürgermeister. »Man versteht ja sein eigenes Wort nicht mehr. – Also: Von wem redet ihr überhaupt?«

»Na, von Rabbi Jeschua aus Nazaret natürlich. Das weiß doch jedes Kind!« Ruben bekam vor Aufregung einen ganz roten Kopf.

»So, so, und der soll der Messias sein?« Manasse zog die Au-

genbrauen hoch und blickte Ruben von oben herab an. »Woher willst denn du das wissen? – Da fragen wir doch lieber jemanden, der sich in solchen Fragen auskennt!« Manasse zeigte mit seinem dicken Finger auf Rabbi Maleachi. »Hochwürdiger Rabbi, sagt Ihr doch, was von diesem Jeschua zu halten ist!«

Maleachi machte ein paar Schritte nach vorn und baute sich auf der Treppe neben dem Bürgermeister auf. Langsam blickte er von einem zum anderen und wartete, bis alle ganz, ganz still waren. Dann sagte er mit tiefer Stimme: »Ich rate zu größter Vorsicht! Zu wirklich allergrößter Vorsicht! Mit solchen Dingen ist nicht zu spaßen. So mancher wurde schon als Messias gefeiert, doch am Ende entpuppte er sich als Hohlkopf und Schwindler.«

»Selber Hohlkopf«, murmelte Ruben, und Ephraim nickte ihm heimlich zu.

»Man kann also gar nicht vorsichtig genug sein. Bevor der Hohe Rat in Jerusalem nicht alles geprüft hat, unternimmt man am besten nichts!«, schloss Rabbi Maleachi seine Rede.

»Aber Hochwürden, was denkt Ihr, was meint Ihr, was sollen wir tun?«, stotterte der Bürgermeister.

»Wir empfangen ihn mit allen Ehren, wie es zu einem berühmten Rabbi passt!« schlug der Schreiner Jonathan nun vor. Fast alle Leute klatschten Beifall.

»Endlich ist mal was los in unserem verschlafenen Nest«, rief der junge Fischer Simon.

Und der dicke Wirt Habakuk rieb sich die Hände: »Das wird ein Fest!«

»Das sieht dir ähnlich«, maulte Rut. »Auf die Art kannst du deinen schlechten Wein teuer verkaufen und wirst dein altes Rauchfleisch los!«

»Ich meine, wir sollten es nicht übertreiben«, mischte sich der Bürgermeister wieder ein. »Schließlich haben wir selber auch einen bedeutenden Rabbi ...«

»... und einen bedeutenden Bürgermeister!«, brummte der Bauer Saul.

Schließlich einigte man sich auf einen herzlichen, aber nicht übertriebenen Empfang des Rabbi Jeschua.

Alle gingen an die Arbeit. Die Frauen sammelten Abfälle ein und trugen sie vor die Stadtmauer. Einige holten ihre Festgewänder hervor und legten sie zum Lüften aus. Ruben wurde vom Bürgermeister angestellt:

»Du gehst und schneidest Zweige, damit wir Jeschua damit zuwinken können!«, befahl Manasse. »Und du, Hosea, übst auf deiner Trompete.«

Selbst der Rabbi Maleachi ließ sich anstecken: Er suchte die wertvollste Torarolle heraus und legte sie zum Gottesdienst bereit.

Aram, Saul und einige andere Bauern schichteten die Misthaufen vor ihren Häusern ordentlich auf und fegten den Hof.

»Toll«, staunte Julius, »geht das bei euch immer so zu, wenn Besuch kommt?«

»Nein, so etwas habe ich selten erlebt. Ich weiß auch nicht, was an diesem Jeschua so Besonderes ist«, meinte Benjamin.

Jeschua kommt!

Am nächsten Morgen waren alle früh auf den Beinen. Auch Julius hatte sich zeitig bei Benjamin eingefunden, und zusam-

men rannten die beiden so schnell sie konnten zum Stadttor. Überall warteten die Menschen:
»Wann wird er kommen? – Ob sich das Warten lohnt? – Wie sieht er wohl aus?«
Nur der Bürgermeister und der Rabbi, die Würdenträger der Stadt, waren noch nirgends zu sehen.
Benjamin und Julius drängten sich nach vorn, damit ihnen auch ja nichts entging.
Da – hört – ein Signal! Hosea stieß aus Leibeskräften in seine Trompete.
»Er kommt, er kommt!«, riefen alle.
Tatsächlich konnten Benjamin und Julius in der Ferne einige Leute sehen. Als die Gruppe näher kam, sahen sie vorn ein paar Freunde und Freundinnen von Jeschua.
Dann endlich kam der Rabbi selbst.
»Der sieht ja nicht gerade wie ein bedeutender Mann aus«, flüsterte Julius Benjamin zu, »eigentlich ganz normal!«
Die Menschen um sie herum fingen an, ihre Zweige zu schwenken und riefen laut: »Hosianna, hosianna, Jeschua!«
»Was heißt denn das wieder?«, wollte Julius wissen.
»Das heißt so viel wie ›Lasst uns Gott loben‹ oder einfach ›Gott sei Dank‹ in unserer Sprache!«
Der Trompeter Hosea stimmte seine feierlichste Melodie an – kurzum, es war ein Lärm, dass man sein eigenes Wort nicht verstehen konnte. Der Bürgermeister und der Rabbi wollten eigentlich eine kleine Begrüßungsrede halten, aber niemand achtete auf sie.
Rabbi Jeschua lachte und winkte den Leuten zu – ihm schien der ganze Trubel nichts auszumachen.
In dieses bunte Treiben mischte sich auf einmal eine krächzende Stimme: »Jeschua, Messias, hilf mir doch!«

Julius stieß Benjamin an: »Hast du das gehört? Ist das nicht die Stimme vom alten Barjona?«
»Ja – schau mal, dort drüben – da sitzt er. Wenn er nicht weggeht, wird er noch umgerissen! Aber was will er auch hier? Der stört doch nur!«
Und wirklich – der Blinde saß am Straßenrand! Vor lauter Menschen hatte ihn niemand beachtet.
Jetzt drehten sich einige zu ihm um und fuhren ihn an: »Halt's Maul, du Penner, verschwinde!«
Aber Barjona schrie immer lauter: »Jeschua, Messias, hilf mir doch, hab Erbarmen mit mir.«
Da blieb Jeschua stehen: »Was ist denn da los? Wer ist dieser Mann?«
»Ach, das ist bloß ein nichtsnutziger Bettler, der blinde Barjona«, winkte der Bürgermeister ab und befahl: »Schafft den Dreckskerl hier weg!«
Dann baute sich Manasse vor Jeschua auf und holte tief Luft, weil er jetzt endlich seine Rede halten wollte.
»Hochverehrter Herr Rabbi …«, begann er – doch Jeschua hörte gar nicht hin und machte zwei Schritte auf Barjona zu.
»Hochverehrter Herr Rabbi …!« Manasse probierte es noch einmal, aber Jeschua sagte ganz ruhig: »Das hat Zeit – jetzt gibt es Wichtigeres zu tun.«
Julius und Benjamin hielten den Atem an. Was würde Jeschua jetzt machen? Würde er Barjona bestrafen, weil er so vorlaut war?
»Jeschua, Messias, hilf mir doch!«, ertönte es da schon wieder.
Jeschua machte noch ein paar Schritte auf Barjona zu und sprach ihn an: »Wer bist du denn? Und woher kennst du mich?«
»Ich bin Barjona – ich bin ganz allein! Und du kannst mir helfen. Das weiß ich ganz sicher.«

Auf einmal waren alle ganz still.
Jeschua setzte sich dicht neben Barjona an den Straßenrand. Er legte ihm den rechten Arm um die Schulter und sprach sehr leise mit Barjona. Nach einer Weile stand Jeschua auf und reichte Barjona die Hand. Der Blinde stand etwas unbeholfen auf. Jeschua umarmte ihn noch einmal – dann drehte er sich zu den Leuten um: »Dieser Mann hat großes Vertrauen zu mir, vielleicht mehr als ihr alle zusammen!«
Als Jeschua jetzt weiterging, hatte niemand mehr so recht Lust zum Jubeln. Viele blickten verlegen zu Boden, andere redeten aufgebracht miteinander. Der Bauer Saul polterte unüberhörbar: »Eins wissen wir jetzt wenigstens: Der ist garantiert nicht der Messias. So wie der sich benimmt! Umarmt einen stinkenden Bettler! Pfui, pfui! Besonders göttlich!«
Julius sah Benjamin etwas ratlos an: »Hast du das mit dem Vertrauen verstanden? Dieser Rabbi Jeschua redet ja ganz schön in Rätseln.«
Benjamin nickte: »Ja, und sein Verhalten ist auch rätselhaft. Komm, wir gehen zu mir heim und fragen meinen Vater – der kennt sich da besser aus!«

Die große Neuigkeit

Benjamin und Julius waren kaum in den Hof eingebogen, da fingen Sara und Hanna auch schon an, neugierig auf sie einzureden:

»Wie sieht er aus? Wie ein Engel? – Trägt er eine Krone wie ein Himmelskönig? – Ist er auf einem weißen Esel geritten? – Hat er viele Diener und Sklavinnen? – Und seine Soldaten? Wie viele hatte er bei sich? – Was hat er gesagt? …«

Benjamin hielt sich die Ohren zu und rannte ins Haus; Julius sauste hinter ihm her. Aber die Mädchen ließen nicht locker: »Jetzt erzählt doch endlich.«

Esther mischte sich ein: »Lasst uns doch nicht so zappeln! Was habt ihr gehört und gesehen?«

Nun sprach Aram ein Machtwort: »Also los – wenn ihr schon überall dabei sein müsst, statt euch um eure Arbeit zu kümmern, wollen wir auch von den Neuigkeiten hören. Setzt euch hierher und erzählt!«

»Also – eigentlich gibt es nicht viel zu erzählen! Dieser Jeschua ist ein ganz gewöhnlicher Mann. Kein Himmelskönig, kein weißer Esel, keine Engel …«

»Aber ein paar schöne Dienerinnen mit prächtigen Gewändern und glänzendem Schmuck und starke Soldaten hat er schon, oder?«, wollte Sara wissen, und Hanna rief dazwischen: »Habt ihr Posaunen vom Himmel gehört?«

»So ein Quatsch!« Benjamin macht eine verächtliche Handbewegung. »Julius hat es doch schon gesagt: Jeschua ist ein ganz einfacher Mann. Seine Kleider sind so abgetragen wie unsere und seine Freunde und Freundinnen sind auch nichts Besonderes.«

»Ja, aber viele sagen doch, dass dieser Jeschua der Messias ist

– da muss doch irgendetwas Königliches an ihm sein!«, fragte Rebecca ungläubig.
»Nein, ein König ist der ganz bestimmt nicht!«, sagte Benjamin entschlossen.
»Aber er ist schon … nicht so wie die anderen, schon ein bisschen merkwürdig …«, meinte Julius.
»Was willst du damit sagen? Ich verstehe kein Wort!« Aram wurde langsam ungeduldig. Aber der Großvater nahm ihn in Schutz: »Jetzt lass den Jungen doch mal ausreden!«
»Er ist schon irgendwie ein König – aber eben nicht so ein richtiger – halt anders!«, versuchte Benjamin zu erklären.
»Woran sieht man das denn?«, fragte Esther nach.
»Ja, zum Beispiel daran: Er hat sich kein bisschen um die jubelnden Leute gekümmert, und das Gewedel mit den Zweigen schien ihm eher lästig zu sein. Auch den Rabbi Maleachi und den Bürgermeister hat er kaum beachtet.«
»So ein Flegel!«, rief Sara.
»Nein, nein, so einer ist er nicht!« Julius war schon wieder ganz aufgeregt. »Aber ich glaube, er mag diese ›hohen Tiere‹ einfach nicht so gern. Dafür hat er sich ganz lange mit Barjona unterhalten.«
»Was? Du meinst doch nicht den blinden Bettler, diesen alten Schmarotzer?« Aram war richtig entsetzt.
»Doch, natürlich – einen anderen Barjona gibt es hier ja nicht!«
»Ja, und dann hat er sich zu Barjona an den Straßenrand gesetzt und ihn umarmt …!« Julius kam richtig in Fahrt.
»Igitt, bääh«, kreischte Hanna, »der stinkt!«
»Rabbi Jeschua hat das wohl nicht gestört?«, fragte Benjamins Mutter. Mirjam und Rebecca schüttelten ungläubig den Kopf. Und Aram wollte wissen: »Und was soll das Ganze? Was will

dieser Jeschua damit bezwecken? Und – was hat Barjona davon?«
»Ich weiß auch nicht«, stotterte Benjamin, »aber es war schon was Besonderes – die Leute waren alle ganz still, und es war irgendwie ganz feierlich. Das kann man einfach nicht richtig erklären, das muss man miterlebt haben und ...!«
Weiter kam Benjamin mit seinen Erklärungen nicht, denn in diesem Augenblick stürmte Onkel Aaron ins Haus. »Stellt euch vor«, keuchte er und ließ sich auf eine Matte fallen, »stellt euch vor, was passiert ist – alle reden nur noch darüber – so was hat es noch nie gegeben. Kafarnaum steht Kopf!«
»Um Himmels willen, was ist denn los? Ist der Rabbi gestorben oder brennt die Synagoge?«, erkundigte sich Mirjam erschrocken.
Sara und Hanna starrten Aaron entgeistert an – so hatten sie ihren Onkel noch nie erlebt!
»Nein, das wäre ja alles halb so wild! Aber das mit Barjona, das ...!«
»Hat er wieder geklaut?«, forschte Aram nach.
»Nein, nein – es ist die Sensation! Barjona kann wieder sehen!!«
»Nein, das gibt es nicht! – Wie soll denn das gehen? – Unmöglich – Du hast wohl zu lange in der Sonne gesessen.« Alle schrien durcheinander.
»Wenn ich es euch doch sage! Ich habe selber mit Barjona gesprochen – es ist wirklich ein Wunder!«
»Aber wie ist denn das passiert?«, wollte die Großmutter wissen.
»Es war Jeschua! Als er vorhin in die Stadt kam, hat er Barjona geheilt! Jeschua ist bestimmt der Messias!«, verkündete Onkel Aaron.

»Das stimmt nicht, dass Jeschua Barjona geheilt hat!«, widersprach Julius, »wir waren ja dabei, als er in die Stadt kam. Er hat keine Zaubersprüche gesagt und er hatte auch keine Heilkräuter dabei.«

»Das ist bei Barjona auch nicht nötig«, wetterte Aram, »denn der ist sowieso nie richtig blind gewesen. Das war doch schon immer ein fauler Trick.«

»Nein, so ist das nicht«, widersprach ihm Esther, »aber er hatte schon immer Probleme, vor allem mit seinem Vater, dem Gerber Jona. Er war ein schlechter Mensch und hat seinen Sohn immer geschlagen, selbst als der schon erwachsen war. Irgendwann hat Barjona dann angefangen zu trinken – und als er einmal sehr betrunken war, ist er mit dem Gesicht in einen dornigen Strauch gefallen. Seitdem ist er blind!«

»Jedenfalls ist er selber schuld an seinem Schicksal!«, polterte Aram weiter.

»Und Rut hat doch erzählt, wie sie Barjona beobachtet hat: Er hat heimlich eine Münze aufgehoben, die am Wegrand lag. Also ist er doch nicht so blind!«, erzählte Sara. »Außerdem ist der so dreckig – wenn er sich mal richtig die Augen wäscht, wird er schon was sehen.«

»Aber warum sollte er betteln und auf der Straße leben, wenn er gar nicht blind ist?«, fragte Julius.

»Er ist eben ein Schwindler!«, brummte Aram.

Onkel Aaron schüttelte den Kopf: »Das glaube ich nicht. Ihr hättet sehen sollen, wie Barjona sich gefreut hat: Er tanzte auf der Straße und schrie immer wieder: ›Ich kann sehen, ich kann sehen – Jeschua hat mich geheilt!‹ Das war garantiert kein Schwindel!«

Mirjam nickte: »Vielleicht stimmt es ja. Es könnte doch sein, dass es für Barjona sehr wichtig war, dass Jeschua mit ihm

gesprochen hat und ihn in den Arm genommen hat. Barjona hat doch sonst keinen Menschen, der mit ihm redet. Die Herzlichkeit, die er heute erlebt hat, könnte ihn gesund gemacht haben!«

Benjamin und Julius sahen sich an. Sie wussten wirklich nicht, was sie davon halten sollten.

Jeschua findet Freunde

In den nächsten Tagen waren Benjamin und Julius von morgens bis abends auf den Beinen, denn Jeschua hielt sich immer noch in der Stadt auf. Sie wichen nicht von seiner Seite und wollten unbedingt herausbekommen, was es mit diesem Mann auf sich hatte, den einige den Messias nannten. Immer wieder wurde Jeschua von Leuten aus Kafarnaum angesprochen; einige wollten einen Rat von ihm, andere suchten Hilfe, manche wollten einfach mit ihm sprechen. Und immer wieder fragten sich die Leute: ›Ist er nun der Messias?‹

Gerade stand Jeschua mit einigen jungen Männern zusammen. Unter ihnen waren die Fischer Andreas, Simon und Johannes. Simon sagte eben: »Warum gibst du dich eigentlich mit so einem wie dem Barjona ab? Wenn du wirklich der Messias sein willst, solltest du den Bürgermeister besuchen und den Rabbi. Das macht Eindruck auf die Leute … – und das willst du doch, oder?«

Jeschua sagte: »Was meinst du, wer braucht eher Hilfe, der Bürgermeister oder der blinde Bettler?«

»Natürlich der Bettler«, meinte Andreas, »aber ein Messias

kann sich doch nicht um jede Kleinigkeit kümmern. Da gibt es doch Wichtigeres als irgendeinen heruntergekommenen Menschen, der gerade mal wieder Hilfe braucht.«
»Meinst du?«, fragte Jeschua und lächelte Andreas freundlich zu. »Ich finde, es gibt überhaupt nichts Wichtigeres als einen Menschen, der Hilfe braucht.«
Benjamin und Julius hörten gespannt zu: »Dem hat er aber ganz schön die Meinung gesagt«, flüsterte Julius.
Johannes wandte sich wieder an Jeschua: »Ich finde gut, was du sagst. Ich glaube, ich muss etwas Neues lernen. Deshalb möchte ich gern noch mehr von dir hören. Kann ich ein Stück mit dir gehen?«
»Das trifft sich gut«, Jeschua nickte ihm zu, »ich brauche nämlich dringend ein paar Freunde, die bei mir sind. Wisst ihr, es gibt so viele Menschen, die Hilfe und Liebe brauchen – das schaffe ich nicht allein.«
Benjamin und Julius hatten ganz aufmerksam zugehört.
»Meinst du denn, dass Jeschua der Messias ist?«, flüsterte Julius.
»Ich weiß es auch nicht, aber er ist nicht so wie die anderen.«

Ist Jeschua der Messias?

Benjamin und Julius konnten es kaum erwarten, bis Vater und Großvater mittags vom Feld kamen und sie ihnen erzählen konnten, was sie erlebt hatten.
Kaum waren die beiden Männer im Hof, platzte Benjamin heraus:

»Was ist das nur mit Jeschua? Warum kommen so viele Leute zu ihm? Und jetzt vergisst Johannes sogar seine Arbeit am See und will bei Jeschua bleiben. – Sag du uns doch, ob Jeschua der Messias ist, Vater!«
»Ich weiß es auch nicht genau. Aber fest steht: Er ist einer, der nicht an sich selbst denkt …! Er hilft allen, die ihn brauchen.«
»Klar«, sprudelte Julius heraus, und er schlug sich mit der flachen Hand an die Stirn, »warum habe ich nicht schon eher daran gedacht? Jetzt weiß ich Bescheid!«
Benjamin schaute verwundert: »Wieso denn das auf einmal?«
»Mensch, Benjamin, denk doch mal an den Namen!«
»Ich weiß, dass er Jeschua heißt – und ich heiße Benjamin. Was soll daran so interessant sein? Gefällt dir der Name nicht?«
»Nein, nein!« Julius wurde immer aufgeregter. »Du verstehst mich nicht! Dein Vater hat es uns doch neulich schon einmal erklärt: ›Jeschua‹ heißt in eurer Sprache ›Gott hilft‹! Alles klar?«
Benjamin schaute noch immer ziemlich ratlos.
Samuel klopfte Julius anerkennend auf die Schulter: »Du bist ein schlaues Kerlchen. Das ist ein guter Gedanke. Wenn Jeschua Menschen hilft, dann hilft ihnen eigentlich Gott.«
»Ist Jeschua dann so eine Art Stellvertreter, der im Auftrag Gottes arbeitet? So wie mein Vater Cassius hier der Stellvertreter des römischen Kaisers ist und in seinem Namen handelt?«
»Ja«, nickte Aram, »so ähnlich kann man sich das wohl vorstellen.«
»Hm«, meinte Benjamin, »dann könnte Jeschua ja vielleicht wirklich der Messias sein!«

Ein Skandal!

Der nächste Tag war drückend heiß in Kafarnaum. Benjamin und Julius halfen auf dem Feld. Jetzt nach der Ernte mussten die Felder für die nächste Aussaat vorbereitet werden – und das hieß vor allem: Steine sammeln! Immer wieder mussten sie sich bücken und die Brocken in die großen geflochtenen Körbe legen. Zu zweit schleppten sie die Steine dann zum Feldrand.

»Gibt es auf diesem blöden Feld denn überhaupt noch was anderes als Steine?« Benjamin stöhnte und wischte sich den Schweiß von der Stirn.

»Ich weiß auch nicht, Benjamin … ein Wunder, dass auf dieser Geröllhalde überhaupt etwas wächst! Bei uns daheim sehen die Felder jedenfalls ganz anders aus.« Vorsichtig richtete Julius sich auf und verzog das Gesicht: »Ich glaub, mein Kreuz bricht ab! Das ist ja noch anstrengender als die Erntearbeit! Sag mal, Benjamin, das ist doch keine Arbeit für deine Mutter und deine Schwestern … und schon gar nicht mehr für deine Großmutter!!«

»Ja, weißt du, Julius, darauf kann man bei uns keine Rücksicht nehmen. Hier müssen alle ran, denn schließlich leben wir von unseren Feldern. Wenn wir jetzt nicht alle mitarbeiten, werden wir später hungern! Und wenn es ganz schlimm kommt, müssen wir unsere Felder verkaufen – und dann geht es immer weiter bergab mit uns!«

Julius nickte bedrückt. Ohne viel zu reden, arbeiteten sie weiter. Auch mittags machten sie nur eine kurze Pause. Alle sehnten sich nach etwas Schatten und sie hatten schrecklichen Durst. Der Tag wollte und wollte nicht zu Ende gehen.

Sie waren todmüde, als sie sich abends auf den Heimweg machten. Doch endlich waren sie im Haus. Hier war es schön kühl; Samuel, Aram, Benjamin und Julius lagen auf den Schlafmatten und dösten. Sara war noch schnell zum Brunnen gelaufen, während Esther und Mirjam Zwiebeln und Lauch für das Abendessen vorbereiteten. Hanna turnte auf Großmutters Schoß herum. Plötzlich kam Sara ganz atemlos hereingestürzt: »Wisst ihr, was passiert ist?«

Aram sprang erschrocken auf, und Esther ließ vor Schreck den Korb mit den Zwiebeln fallen.

»Mach doch nicht so einen Lärm«, schimpfte Benjamin schläfrig.

»Was ist denn mit dir los? Erzähl schon!«, rief Julius.

»Stellt euch vor ... nein, das ist doch nicht möglich ... ich kann es immer noch nicht glauben ...!«

»Jetzt beruhige dich mal, Sara«, sagte Mirjam und nahm sie in den Arm. »Was ist denn passiert?«

»Ihr wisst doch, dass einige junge Männer aus der Stadt sich überlegt haben, ob sie mit Jeschua gehen sollen. Und Johannes ist ja seit gestern fest entschlossen. Und Simon und Andreas gehen bestimmt auch noch mit.«

»Oh, toll. Wenn ich dürfte, würde ich da auch mitgehen«, seufzte Benjamin sehnsüchtig.

Aber niemand achtete auf ihn, denn Sara erzählte aufgeregt weiter:

»Aber es kommt noch besser. Jeschua hat inzwischen sogar noch jemanden gefragt, ob er mitgehen will. Das ist es ja!«

»Jetzt rück schon raus damit, mach es nicht so spannend. Wer ist es denn?«, drängelte Julius ungeduldig.

»Ja, also, ihr erratet es nie! Es ist ...«, Sara holte tief Luft: »Er hat Levi gefragt!«

Kaum hatte sie den Namen ›Levi‹ ausgesprochen, als schon alle durcheinander redeten:

»Was, Levi, den Zöllner? – Unmöglich, das kann nicht sein! – Ausgerechnet diesen Gauner und Halunken!«, und Benjamin schrie: »Der spinnt!«
Julius wusste wieder einmal überhaupt nicht, worum es ging: »Was habt ihr denn bloß mit diesem Levi? Das ist doch ein ehrenwerter Mann!«
»Ehrenwerter Mann? Ja, für euch Römer vielleicht«, fauchte Benjamin, »für euch treibt er die Steuern ein und in seinem eigenen Geldbeutel bleibt auch genug hängen! Jeder richtige Jude hasst die Zöllner, weil sie sich bereichern – und vor allem, weil sie mit den Römern gemeinsame Sache machen! Eigentlich sind an allem nur die blöden Römer schuld.«
Julius stand schweigend da und sah zu Boden. Jetzt erst fiel Benjamin auf, was er angerichtet hatte: »Entschuldige, Julius, mit dir ist das natürlich etwas anderes!« Er knuffte seinem Freund kameradschaftlich in die Rippen.
»Na ja, wenn das so ist«, meinte Julius, und Sara fiel ihm ins Wort:
»Für mich steht jedenfalls fest, dass dieser Jeschua auf keinen Fall der Messias sein kann. Der ist kein großer Retter, höchstens ein großer Spinner! Ausgerechnet dieser Levi! Der ist das doch gar nicht wert, der hat sich längst von Gott und auch von unserer Gemeinde abgesetzt.«
Alle redeten wieder wild durcheinander.
Julius sah sehr nachdenklich aus.
»Und wenn Jeschua gerade deswegen der Messias wäre, weil er sich Levi als Freund ausgesucht hat?«, fragte er leise – aber niemand hörte ihm zu.

99 + 1

Am nächsten Morgen waren Benjamin und Julius schon früh auf den Beinen. Sie wollten unbedingt alles mitbekommen, was dieser Jeschua tat.
Auf dem Platz vor der Synagoge war fast die ganze Stadt versammelt. Auch viele Bauern und Hirten, die eigentlich dringend bei der Arbeit sein mussten, waren gekommen. Alle diskutierten aufgeregt über die Sache mit Levi. Da kam Jeschua; er war in der Synagoge gewesen.
»Was denkst du dir eigentlich dabei?«, fuhr der Bürgermeister Manasse ihn an, »man könnte ja meinen, du bist jetzt für die Römer!«
Und Rabbi Maleachi fügte mit ernster Miene hinzu:
»Wer Gott davonläuft, wie diese Zöllner, der muss wissen, was er damit tut! Wir wollen jedenfalls nichts mit so einem zu schaffen haben!«

Jeschua sagte erst einmal gar nichts. Das machte einige Leute noch wütender.
Schließlich fing Jeschua an zu reden:
»Wer unter euch, der hundert Schafe hat und eins von ihnen verliert, lässt nicht die 99 in der Steppe zurück und geht dem Verlorenen nach, bis er's findet? Und wenn er es gefunden hat, legt er es voller Freude auf seine Schulter; und wenn er nach Hause kommt, ruft er seine Freunde und seine Nachbarn zusammen und sagt zu ihnen: ›Freut euch mit mir! Denn ich habe mein Schaf gefunden, das verloren gegangen war.‹ So verhält es sich auch mit dem Reich Gottes.«

»Unerhört!«, rief der Bauer Saul, »Geschichten aus der Landwirtschaft kennen wir selber! Der will uns wohl auf den Arm nehmen!«
Und Jakob, der alte Hirte, brummte:
»So ein Blödsinn! Das macht doch kein Hirte! Der hat sicher noch nie eine Schafherde aus der Nähe gesehen! Wer lässt schon 99 Schafe einfach irgendwo stehen und sucht eins, das verloren gegangen ist?«
Aber Jeschua sagte nichts darauf.
Benjamin und Julius sahen sich an. Sie mussten beide an das Gespräch vom Vorabend denken:
»Ich sage nur ›Levi‹ …«, murmelte Julius.
»Wie meinst du das?« Benjamin sah ihn von der Seite an.
»Ja, mir ist schon gestern der Gedanke gekommen, ob Levi nicht eigentlich auch so einer ist wie Barjona – Levi gehört doch auch zu denen, die keiner mag, mit denen niemand etwas zu tun haben will.«
»Ja, da hast du eigentlich recht – so habe ich das noch gar nicht gesehen.« Benjamin nickte.
Eifrig fuhr Julius fort: »Genau – und Gott hilft dann auch dem Levi! Eben weil Jeschua ihm hilft! – Und deshalb ist Jeschua doch der Messias!«
»Glaubst du das wirklich?«, staunte Benjamin.
»Ja, ich bin mir ziemlich sicher. Und die Geschichte gerade über die 99 Schafe – die passt haargenau dazu …!« Julius strahlte.
»Du meinst: Levi oder Barjona sind so ein Schaf, das verloren gegangen ist? Und Jeschua ist der Hirte, der es suchen geht?«
»Genau – wer verloren geht, wird gesucht. Das passt zum Messias!«

Jeschua mag Kinder

Jeden Tag konnte man Jeschua jetzt in Kafarnaum treffen. Seine neuen Freunde Johannes, Andreas, Simon und Levi waren auch immer bei ihm.

»Wir sind jetzt die Schüler von Rabbi Jeschua«, sagten sie stolz.

Jeschua redete mit den Menschen und half ihnen. Immer mehr Leute kamen zusammen, weil sie ihm zuhören wollten, wenn er von Gott erzählte.

Heute waren sogar der Rabbi und andere kluge Männer dabei. Es herrschte ein großes Gedränge auf dem Marktplatz!

Benjamin und Julius waren mal wieder ganz vorn, weil sie sich so gut durchschlängeln konnten.

Auf einmal wurde es hinter ihnen sehr unruhig. Sie reckten die Hälse: Was war denn nun wieder los?

»Schau mal, Benjamin, da ist ja deine Mutter mit Hanna und Sara. Was wollen die denn hier?«

In diesem Augenblick drängten sich einige Mütter mit ihren Kindern nach vorn. Die ganz kleinen wurden von ihren Geschwistern auf dem Arm getragen, die größeren klammerten sich ängstlich an ihre Mütter. Einige Kinder plapperten, andere weinten, weil sie Angst vor den vielen Leuten hatten … – man konnte sein eigenes Wort nicht mehr verstehen.

»Jetzt gebt doch mal Ruhe«, schrie der Rabbi streng und fuchtelte wild mit den Fäusten, »bringt eure Kinder fort. Die stören nur! Hier geht es um ernste Glaubensfragen – da haben Frauen und Kinder überhaupt nichts zu suchen!«

Julius stieß Benjamin an: »Vorsicht – dem platzt gleich der Schädel! Wie der sich aufregt!«

»So einen roten Kopf habe ich lange nicht gesehen«, kicherte Benjamin.

Auch Johannes und die anderen Freunde von Jeschua wollten die Mütter mit ihren Kindern fortschicken:

»Ihr seht doch, die Leute wollen Jeschua zuhören«, riefen sie unfreundlich. »Ihr habt mit euren kreischenden Bälgern hier nichts verloren!«

Aber die Mütter ließen sich nicht einfach abweisen.

Jeschua hatte die Unruhe auch bemerkt und fragte eine Mutter freundlich: »Was wollt ihr denn?«

Zuerst sagte niemand etwas, aber dann fasste sich Susanna, die Tochter des Bürgermeisters Manasse, ein Herz: »Jeschua, wir glauben, dass du von Gott kommst. Darum möchten wir, dass du unsere Kinder segnest.«

Als die Männer das hörten, regten sich viele fürchterlich auf: »Unerhört! Frauen haben hier nichts zu suchen!«

Und der Rabbi brüllte noch einmal: »Euer Platz ist zu Hause. Geht jetzt heim und nehmt eure kleinen Gören mit!«

Aber die Frauen blieben einfach stehen.

Jeschua hob die Hand und lächelte: »Bringt eure Kinder nur her. Und ihr zwei, wollt ihr auch kommen?«

Julius und Benjamin schauten sich erschrocken um: Waren etwa sie gemeint?

»Ja, euch meine ich«, sagte Jeschua, »habt keine Angst! Ihr seid ja sonst auch fast immer bei mir.«

Alle Kinder standen um Jeschua herum. Er sprach mit ihnen, nahm sie in die Arme und sagte ihnen, dass Gott sie lieb hatte.

Auf dem Platz war es ganz still geworden.

Jeschua sagte: »Ihr könnt etwas von euren Kindern lernen. Sie sind nicht misstrauisch, sondern kommen gern zu mir; sie freuen sich, wenn jemand sie lieb hat, und stoßen ihn nicht zurück. Wenn alle Menschen sich so verhalten würden,

könnten wir besser miteinander leben. Darum möchte Gott, dass alle so sind wie diese Kinder – auch die Erwachsenen!«
Aber der Schreiner Jonathan wollte sich nicht beruhigen: »Das ist völliger Unsinn!«, rief er, »so kleine Kinder verstehen doch nichts. Die können wir hier nicht brauchen.«
»Ganz richtig«, murmelten einige, aber der Töpfer Ephraim sagte: »Sprich endlich weiter, Rabbi, erzähl uns von Gott!«
»Gut. Hört zu!«, sagte Jeschua und setzte Hanna vorsichtig auf den Boden.
»Seht, was ich in der Hand habe – ihr wisst schon, es ist Samen der Senfstaude. Dieses Samenkorn ist zwar kleiner als alle anderen; wenn es aber herangewachsen ist, so ist es größer als die Gartengewächse und wird ein Baum, so dass die Vögel des Himmels kommen und in seinen Zweigen nisten. So ist es auch mit dem Reich Gottes.«

Jetzt hatte der Bauer Saul endgültig genug: »Fängst du schon wieder mit deinen Geschichten von der Landwirtschaft an? Dafür brauche ich keine Predigt!«
Das fanden andere auch und viele drehten sich auf der Stelle um, schüttelten den Kopf und gingen nach Hause.
Die Frauen standen noch zusammen und redeten leise miteinander. Auch ein paar Männer blieben bei Jeschua stehen. Sie wussten nicht so recht, was sie von der Sache halten sollten.
Benjamin und Julius sahen sich stumm an. Dann sagte Benjamin halblaut:
»Das ist die beste Geschichte, die ich seit langem von einem Erwachsenen gehört habe! Toll – das mit dem Wachsen.«
Jakob, der alte Hirte, drehte sich zu Benjamin um: »Ja, hat mir auch gut gefallen, die Geschichte! Bei euch Jungen sieht man ja richtig, wie es mit dem Wachsen voran-

geht. Eure Kleider sind immer gleich wieder zu klein und neue Sandalen lohnen sich für euch erst gar nicht.«

»Ja, ja, das stimmt schon. Aber das ist alles nicht so wichtig«, fiel Julius ihm ins Wort. »Wir wachsen nämlich auch im Kopf!«

Jakob nickte bedächtig: »Ich kann mir schon denken, was du meinst.«

»Ja, Jakob, du verstehst uns schon. Aber die anderen Erwachsenen, die denken doch, wir sind klein und dumm und kapieren nie was. Und schon gar nicht, wenn es um ihre ›ernsten Gespräche‹ geht: Um Politik und Glauben und …!« Benjamin sah bedrückt aus.

Julius sagte nichts. »Eigentlich hat er recht«, dachte er, »wenn ich ehrlich bin, komme ich mir manchmal wie ein unwichtiges Samenkörnchen vor.«

Der alte Jakob schien seine Gedanken zu erraten:

»Niemand denkt daran, dass aus solch einem kleinen Samenkörnchen eine große, prächtige Pflanze werden kann. – Ich freue mich richtig, dass Jeschua von euch Kindern so viel erwartet. Denkt nur immer wieder an diese Geschichte, wenn ihr nicht beachtet werdet. Aber auch, wenn ihr euch selber nichts mehr zutraut, müsst ihr an die große Senfstaude denken!«

Nach einer kleinen Pause fuhr er fort: »Ja, ja, ihr habt es gut. Euer Leben liegt noch vor euch. Für mich ist da nichts mehr zu erwarten.«

»Meinst du?« Jeschua stand auf einmal hinter ihnen. »Erwartest du denn wirklich gar nichts mehr?«

»Hm, also …«, murmelte Jakob, »was soll ich denn groß erwarten? Du weißt doch, wie die Leute von uns Hirten denken. Und dann in meinem Alter …«

»Ja, da hast du schon recht, Jakob.« Jeschua nickte. »Und trotz-

dem kannst du noch wachsen. Aber du musst es auch glauben. Wenn du denkst, es gibt nichts Neues und Interessantes mehr für dich, dann wird dein Leben schnell langweilig und es passiert wirklich nichts mehr. Aber wenn du neugierig bleibst, wie deine beiden Freunde Benjamin und Julius hier, dann entdeckst du immer wieder etwas, das du nicht kennst – und dann kann sich auch bei dir noch vieles verändern. Dafür ist es ganz egal, ob jemand ein König oder ein Bettler ist, ob er gesund ist oder krank, angesehen oder verachtet.«
»Das stimmt!«, dachte Benjamin. »Das Senfkorn war ja auch zuerst ganz unscheinbar – und später ist ein schöner Baum aus ihm geworden.«
Jeschua nickte den dreien zu und ging wieder zu den Frauen hinüber.

Streit im »Schalomgarten«

Viele Erwachsene waren in den »Schalomgarten«, das nahe Gasthaus, gegangen. Der dicke Wirt Habakuk rieb sich die Hände vor Freude und lachte, dass sein Bauch auf und nieder hüpfte – solch ein gutes Geschäft hatte er schon seit Jahren nicht mehr gemacht.
Alle redeten durcheinander! Das einzige Gesprächsthema war Jeschua. Da kam er auch schon zur Tür herein; gleich hinter ihm schlüpften Julius und Benjamin in die Wirtschaft. Sie wollten kein Wort von Jeschuas Reden verpassen. In dem Gedränge fielen sie gar nicht auf. Jeschua bestellte ein großes Fladenbrot und einen Krug vom besten Wein.
»Geht auf meine Rechnung«, grunzte der Wirt.

Da erhob sich der Bürgermeister. In der rechten Hand hielt er einen großen Holzlöffel; damit schlug er gegen seinen Weinkrug. Langsam wurde es ruhig, und Manasse holte tief Luft für seine Rede: »Wir haben ja viel von dir erwartet, Jeschua! Manche sagten, dass du der Messias bist. Aber ich weiß jetzt gar nicht mehr, was ich davon halten soll! Erst gibst du dich mit Barjona, diesem Nichtsnutz, ab. Jeder weiß, dass der nichts taugt. Er kann nichts, er leistet nichts – er lebt nur auf unsere Kosten. – Dann noch dieser Levi! Und auch die Sache mit den Kindern war wohl noch nicht so ganz das Wahre. Immer dies Getue um nutzlose Elemente der Gesellschaft! Du solltest dich wirklich mehr an die wertvollen Leute halten, die etwas für Gott und seine Gebote leisten!«

Aufgebracht fuchtelte der Bürgermeister mit dem Holzlöffel herum.

Der Tagelöhner Ruben murmelte vor sich hin: »Wertvolle Menschen! Dabei denkt der Herr Bürgermeister wohl zuerst an sich selbst!«

Jeschua ließ sich nicht aus der Ruhe bringen.

Nach einer Weile sagte er: »Ich würde euch gerne noch eine Geschichte erzählen!«

»Nicht schon wieder«, stöhnte der Bauer Saul, »von der Landwirtschaft habe ich die Nase voll!«

»Wart's nur ab«, erwiderte Jeschua und begann auch schon mit seiner Erzählung:

»Mit dem Reich Gottes verhält es sich wie mit einem Landbesitzer, der früh am Morgen auf den Markt ging, um Arbeiter für seinen Weinberg anzuwerben. Er bot ihnen einen Denar als Tageslohn an; davon konnten sie ihre Familie einen Tag lang ernähren. Um die Mittagszeit ging er wieder auf den Markt und sah, dass noch Arbeiter warteten, weil

niemand sie angeworben hatte. Auch sie schickte er in seinen Weinberg.
Ebenso machte er es am Nachmittag und sogar noch kurz vor Feierabend, weil immer noch Arbeitslose dasaßen, die bisher niemand gebrauchen konnte.«
»Schön dumm, dieser Weinbergbesitzer! Da sieht man doch wieder ganz deutlich, dass Jeschua keine Ahnung vom wirklichen Leben hat«, brummte Saul.
Aber Jeschua fuhr unbeirrt fort:
»Am Abend beauftragte der Weinbergbesitzer seinen Verwalter, die Arbeiter zu entlohnen.
›Fange bei denen an, die zuletzt gekommen sind, und gib ihnen einen Denar.‹ Als die an der Reihe waren, die schon seit dem frühen Morgen gearbeitet hatten, dachten sie, sie würden mehr bekommen. Aber sie erhielten auch einen Denar. Das gab vielleicht einen Aufstand: ›Das ist total ungerecht!‹, rief einer. Aber der Besitzer sagte ruhig: ›Du hast doch bekommen, was ausgemacht war. Warum ärgerst du dich, weil ich den anderen auch gebe, was sie brauchen?‹
So geht es im Reich Gottes zu«, schloss Jeschua seine Erzählung.
Die Leute im ›Schalomgarten‹ hatten ganz ruhig und aufmerksam zugehört, selbst der Bauer Saul.
Der Bürgermeister bekam sogar ein bisschen rote Ohren – er hatte anscheinend verstanden, was Jeschua mit seiner Geschichte sagen wollte. Trotzdem brummte er: »Ihr könnt sagen, was ihr wollt – für mich passt das alles nicht zu einem richtigen Messias. Wo kommen wir denn da hin, wenn jemand die ganze Ordnung auf den Kopf stellt?«
Ruben, der Tagelöhner, schlug Jeschua freundschaftlich auf den Rücken und grölte: »Du bist auf jeden Fall mein Messias.

Mir gefallen alle deine Geschichten – denn es sind Geschichten für uns kleine Leute!«
Onkel Aaron, Aram, Ephraim und Jonathan murmelten: »Finde ich auch! – Ganz meine Meinung. – Gut gesprochen, Ruben!«
Aber niemand beachtete sie weiter.
Julius boxte Benjamin kräftig in die Rippen: »Los, komm, das müssen wir Jakob erzählen. Er denkt doch immer, dass er nichts wert ist.«
Julius war Feuer und Flamme: »Ja, und jetzt hat Jeschua es doch ganz eindeutig gesagt: Bei Gott kommt es nicht darauf an, was ein Mensch leistet oder wie andere über ihn denken, sondern bei Gott ist es wichtig, was ein Mensch braucht.«
»Ja, klar!« Benjamin strahlte. »Denk doch mal an Barjona. Da hat Jeschua auch nicht gefragt, warum er arm ist; sondern er hat ihm einfach geholfen, weil Barjona seine Hilfe dringend brauchte.«

Ein nutzloser Feigenbaum

Immer mehr Menschen in Kafarnaum kamen in den nächsten Tagen zu Jeschua. Sie suchten alle Rat und Hilfe bei ihm. Benjamin und Julius hielten sich meistens auch in der Nähe auf. Heute sahen sie schon von weitem, wie der Nachtwächter und Trompeter Hosea schleppend die Gasse hinaufstieg. Er zerrte einen dreckigen Jungen hinter sich her.
»Das ist Tobias, sein Sohn«, erklärte Benjamin. »Der ist in ganz Kafarnaum berüchtigt – er ist frech und streitlustig, er hilft nie bei der Arbeit, und ich glaube, er klaut manchmal auch.«

Hosea nahm sich nicht einmal Zeit, um nach der Anstrengung zu verschnaufen. Mit hochrotem Kopf stand er mit Tobias vor Jeschua und keuchte: »Rabbi, schau dir diesen Nichtsnutz, meinen Sohn, an. Er bringt nur Schande über meine Familie: Den ganzen Tag faulenzt er oder treibt sich mit verrufenen Gesellen herum. Dabei war er einmal mein ganzer Stolz! Aber er hat mich schwer enttäuscht! Er ist ein Taugenichts, ein Nichtsnutz, ein hoffnungsloser Fall. Aus ihm wird nie etwas Rechtes werden! Rabbi – sag du mir, was ich noch tun kann. Wie lange soll ich mich noch um ihn bemühen? Es hat ja doch alles keinen Sinn. Er hört nicht auf mich, sondern lacht mich aus.«

Tobias stand mit hängendem Kopf da, während Jeschua sich Hoseas Klagen geduldig anhörte.

Nun wandte Jeschua sich an Tobias: »Was passt dir denn nicht an deinem Vater?«

Bevor Tobias auch nur ein Wort sagen konnte, tobte Hosea los: »Was soll denn das? Mich sollst du beraten, Rabbi, und nicht diesem Lausebengel noch mehr Dummheiten beibringen. Am Schluss soll ich wohl noch schuld sein, dass aus ihm nichts Anständiges geworden ist?«

Aber Jeschua ließ sich nicht beirren und wiederholte seine Frage.

Benjamin und Julius hielten den Atem an. Was würde Tobias wohl sagen?

»Früher haben mein Vater und ich uns eigentlich gut verstanden«, stotterte Tobias, »aber seit ein paar Jahren lässt er mir keine Ruhe mehr. Ständig nörgelt er an mir herum und lässt kein gutes Haar an mir.«

»Unglaublich«, brüllte Hosea, »dabei will ich ja nur dein Bestes!«

»Wie meinst du das, Hosea?« wollte Jeschua wissen.

»Du hörst ja, wie undankbar der Bengel ist. Da sorgt man sich Tag und Nacht um ihn und versucht alles, damit etwas Gescheites aus ihm wird – und was ist der Dank?«

»Kommt, setzt euch einen Moment zu mir«, sagte Jeschua und machte eine einladende Handbewegung. »Ich möchte euch eine Geschichte erzählen.«

Benjamin und Julius spitzten die Ohren.

Jeschua fing an zu erzählen:

»Es war einmal ein Mann, der einen Feigenbaum besaß. Immer wieder sah er nach, ob der Baum Früchte trug, aber ohne Erfolg. Eines Tages sagte er zu seinem Gärtner: ›Jetzt komme ich schon drei Jahre und sehe nach, ob der Feigenbaum Früchte trägt. Aber ich finde nichts. Hau ihn ab, damit er dem Boden nicht länger die Kraft nimmt.‹

Da sagte der Gärtner: ›Bitte, lass ihn dieses Jahr noch stehen, ich will den Boden lockern und düngen. Vielleicht trägt er dann doch noch Früchte. Wenn das auch nichts nützt, will ich ihn umhauen.‹«

»Jetzt habt ihr es alle gehört – umhauen sollte man ihn, denn er ist so unnütz wie der Feigenbaum«, polterte Hosea und zeigte auf Tobias.

»Ich glaube, du hast nicht richtig zugehört, mein Freund«, lächelte Jeschua. »Der Gärtner in der Geschichte hat viel Geduld. Er bemüht sich auch dann noch um den Feigenbaum, als eigentlich schon alles vergebens erscheint. Und er weiß auch: Wachsen braucht seine Zeit.«

»Aber was soll ich tun?«, stöhnte Hosea. »Soll der Bengel denn machen, was er will?«

»Nein, das sicher nicht.« Jeschua schaute Tobias an, »da gehören schon immer zwei dazu, wenn es gelingen soll. Der

Gärtner kann zwar viel für den Baum tun – aber wachsen und Früchte tragen muss der Feigenbaum dann aus eigener Kraft. Und das gilt auch für dich, Tobias.«
Nachdenklich machten Hosea und Tobias sich auf den Heimweg.

Wer ist der Größte?

»Benjamin, Julius, habt ihr zwei nicht Lust, Onkel Aaron zu besuchen? Wir könnten frischen Fisch brauchen – dann gibt es heute ein leckeres Abendbrot.« Esther schaute die beiden Buben auffordernd an. »Und bringt auch getrockneten Fisch mit«, erinnerte die Großmutter.
»Onkel Aaron besuchen? Ja, gerne!«, rief Julius und zog Benjamin mit.
Als sie zum Strand hinunter kamen, hörten sie schon von weitem laute Stimmen – da war wohl ein handfester Streit in Gang! Benjamin und Julius rannten das letzte Stück bis zu Simons Haus. Da standen Andreas, Johannes, Levi und Simon und redeten heftig aufeinander ein. Gerade schrie Johannes lauthals:
»Was wollt ihr eigentlich? Ich war schließlich der Erste – ihr wart ja zu feige!«
»Ja, als ob es darauf ankommt? Und wo wohnt er jetzt, hä?«, fauchte Simon und schüttelte drohend die Fäuste.
Levi stellte sich in die Mitte: »Und ich – wer von euch hat so viel aufgegeben für den Rabbi? Ich habe meinen Arbeitsplatz verlassen und mein ganzes Vermögen, um mit ihm zu gehen. Das zählt ja wohl etwas mehr.«

Benjamin sah Julius entgeistert an: »Was ist denn mit denen los? Haben die einen Sonnenstich? Ich verstehe kein Wort! Und du?«
»Ich schon – genau so hört es sich bei uns im Lager an, wenn die Truppenführer streiten, wer der Mutigste und Wichtigste ist.«
In diesem Moment kam Jeschua aus dem Haus von Simon. Er reckte sich und blinzelte in die Sonne, dann sah er sich um und winkte Benjamin und Julius zu. Er schien die Streithähne gar nicht zu bemerken.
»Und ich sage euch: Ich bin der Größte und Wichtigste«, ereiferte sich Johannes weiter. »Und ich werde einmal ganz nah bei Rabbi Jeschua sitzen – später, im Himmel, wenn Jeschua dort regiert.«
»Aha.« Jeschua räusperte sich. Die vier Männer zuckten zusammen und sahen sich betreten um.
Andreas ging einen Schritt auf Jeschua zu: »Du hast es ja sicher schon gehört, Rabbi, um was der Streit geht. Jetzt entscheide du bitte: Wer von uns ist der wichtigste Schüler für dich?«
»Tja – das ist eine wichtige und schwierige Frage«, meinte Jeschua mit ernster Miene. Benjamin und Julius kam es allerdings so vor, als ob er sich eigentlich das Lachen kaum verbeißen konnte.
»Wisst ihr – am besten machen wir eine Probe«, schlug Jeschua vor. »Ihr habt den ganzen Tag Zeit. Überlegt euch etwas, womit ihr beweisen könnt, wie wichtig eure Arbeit für das Reich Gottes ist. Heute abend treffen wir uns wieder hier, und dann werde ich entscheiden.«
Alle nickten und machten sich sofort auf den Weg. Auch Benjamin und Julius konnten in Ruhe zu Onkel Aaron gehen und

ihren Auftrag erledigen; bis zum Abend würden sie hier nichts versäumen.

Sofort nach dem Abendessen rannten sie wieder zum Strand hinunter. Vor Simons Haus saßen Jeschua, Simon, Levi und Johannes.

Benjamin und Julius schlichen leise von der Seite ans Haus, aber Jeschua hatte sie längst gesehen: »Kommt nur, ihr zwei, setzt euch mit hierher. Ihr gehört ja auch zu meinen Freunden.«

Benjamin und Julius ließen sich auf den verblichenen Strohmatten nieder.

»Wo ist denn Andreas?« fragte Julius neugierig.

»Wo wird der schon sein?«, meinte Simon herablassend. »Der bringt doch nie etwas fertig. Vielleicht ist er doch lieber wieder nach Hause zu seiner Mutter gegangen ...«

Aber da kam Andreas auch schon um die Ecke und setzte sich zu den anderen in den Kreis.

»So, was habt ihr erreicht? Ich bin wirklich gespannt, wie ihr diesen Tag genutzt habt, um etwas für das Reich Gottes zu tun.« Jeschua blickte erwartungsvoll von einem zum anderen.

Simon sprang auf: »Ihr werdet es nicht glauben – aber ich war beim Bürgermeister Manasse. Ihr wisst ja, er ist nicht gerade begeistert von Jeschua und seiner Sache. Aber – ich war sehr erfolgreich! Es ist mir zwar nicht gelungen, ihn als neuen Schüler von Jeschua zu gewinnen – aber ...« Simon hob triumphierend einen großen Tonkrug in die Höhe. »Diesen Krug hat der Bürgermeister für die Sache Gottes gespendet! Der Krug ist mit feinstem, wohlriechendem Öl gefüllt! Merkt ihr, wie lieblich es duftet? Mit solchen Ölen wurde schon damals unser großer Herrscher David zum König gesalbt. Das ist gerade recht für den Messias!«

Jeschua schien sehr beeindruckt zu sein.

»Das ist zwar ganz schön – aber viel hat der Rabbi davon nicht. Der Duft verfliegt und das Öl wird ranzig. Da habe ich mir schon etwas Besseres einfallen lassen!« Johannes winkte zu den Büschen hinüber. Alle blickten erstaunt um sich. Da hörte man auch schon Hoseas Trompete. Er blies ein ganz neues, feierliches Lied. Beim letzten Ton erklärte Johannes: »Es ist der ›Reich-Gottes-Marsch‹; den hat Hosea auf meine Bitte extra für dich komponiert, Rabbi Jeschua. Solange du hier in Kafarnaum bist, wird Hosea dich begleiten. Wenn du predigen willst, spielt Hosea diesen ›Reich-Gottes-Marsch‹. Wetten, dass ganz Kafarnaum zusammenströmen wird?«

Jetzt hatte Levi lange genug gewartet: »Auch ich habe etwas für das Reich Gottes dabei; ich habe schwer dafür arbeiten müssen.«

Langsam zog er einen roten Samtbeutel aus seinem Kleid und hielt ihn in die Höhe. Dann kniete er vor Rabbi Jeschua und zog vorsichtig an der Kordel, die den Beutel zusammenhielt.

»Oooooo«, entfuhr es Benjamin, »so etwas habe ich noch nie gesehen.«

Auf dem roten Samt waren Goldmünzen, Armreifen mit kleinen bunten Edelsteinen und Ringe ausgebreitet, die in der Abendsonne funkelten und glänzten. Levi hielt Jeschua einen goldenen Becher hin: »Hier – der Königsbecher für den Messias!«

Und zu Simon, Johannes und Andreas sagte er: »Das habe ich in jahrelanger Arbeit zusammengetragen – und heute gebe ich es für das Reich Gottes!«

Jeschua sah sich den Becher von allen Seiten an und stellte ihn dann neben sich auf den staubigen Boden.

Alle schauten jetzt zu Andreas.

»Und was hast du zu bieten?«, fragte Johannes schnippisch.

»Ja, also …« Andreas fing ein bisschen an zu stottern. »Es war nämlich so: Ich hatte mir vorgenommen, alles einzukaufen, um für Rabbi Jeschua ein richtiges Festessen zuzubereiten. Aber es sollten besondere Dinge sein. Ich bin den ganzen Tag in Kafarnaum unterwegs gewesen – aber nichts schien mir gut genug für meinen Rabbi!«
»Ja, und?«, warf Levi spöttisch ein, »was hast du nun vorzuweisen?«
»Ja, äh, wisst ihr, schließlich war ich ganz erschöpft und unglücklich. Ich kaufte ein Fladenbrot …«
»Das ist ja ein toller Beitrag zum Reich Gottes!«, lästerte Simon.
»Nein, ich weiß«, fuhr Andreas kleinlaut fort, »und ich habe nicht einmal mehr dieses Fladenbrot für Jeschua. Am Marktplatz bin ich Ruben begegnet – er hatte heute den ganzen Tag keine Arbeit; und daheim warten fünf Kinder, seine Frau und die alte Schwiegermutter auf ihn … Da habe ich ihm das Brot gegeben und das Geld, das ich bei mir hatte. Jetzt stehe ich hier mit leeren Händen und du wirst mich sicher rauswerfen, Rabbi Jeschua! Am liebsten wäre ich gar nicht zurückgekommen!« Benjamin und Julius hielten den Atem an – wen würde Jeschua jetzt als seinen wertvollsten Schüler auswählen?
Jeschua blickte in die Runde: »Ihr habt euch große Mühe gegeben für Gottes Reich. Allerdings müsst ihr noch viel lernen! – Eigentlich hat Andreas es am besten getroffen – obwohl es ganz und gar nicht seine Absicht war!
Habt ihr es denn wirklich immer noch nicht verstanden? Das Reich Gottes hat nichts mit Reichtum und Macht zu tun; auch nicht mit Marschmusik und kostbarem Öl, und goldene Becher sind auch überflüssig.
Nein – das Reich Gottes fängt immer dort an, wo einem Menschen geholfen wird, der es nötig hat!«

Simon und die anderen sahen ein bisschen enttäuscht und traurig aus.
Aber Jeschua lachte herzlich und sagte: »Ich bin ganz sicher – ihr werdet jeden Tag ein wenig mehr verstehen, was zum Reich Gottes passt. Aber jetzt kommt – ich war auch nicht untätig! Ich habe einen Krug guten Wein, Schafskäse, Oliven und einige Fladenbrote besorgt. Ich möchte mit euch feiern, weil ihr meine Freunde seid!«

Nur ein paar Ähren?

»… und ich sage euch: Es ist und bleibt ein himmelschreiender Frevel, was ihr getan habt! Gott wird euch bestrafen, weil ihr den Schabbat geschändet habt. Ihr habt Gottes heilige Gebote missachtet – sein heiliger Zorn wird euch treffen; und ganz Kafarnaum wird er nicht verschonen, wenn wir diese Schandtat dulden, die sich gestern hier in der Stadt zugetragen hat …« Die Stimme des Rabbi Maleachi schallte gellend über den Marktplatz. Er hatte sich auf der obersten Treppe der Synagoge aufgebaut und sah drohend auf die Menschenmenge hinunter, die sich versammelt hatte.
Da kam auch schon der Bürgermeister Manasse über den Platz gehastet: »Was ist denn hier los, ehrwürdiger Rabbi?«, schrie er schon von weitem und bahnte sich einen Weg durch die Menschenmenge. Endlich stand er schnaufend neben dem Rabbi und wiederholte:
»Was ist denn hier los, ehrwürdiger Rabbi – ihr seid ja völlig fassungslos!«
»Da soll man nicht außer Fassung geraten?«, kreischte der Rabbi …

»Worum geht es denn überhaupt? Und wer ist der Übeltäter? Ich, der Bürgermeister, werde dir helfen, für Recht und Ordnung zu sorgen!«

Rabbi Maleachi holte tief Luft und begann:

»Der Schabbat ist entheiligt worden!! Und zwar von diesem Jeschua und seiner Bande! Gestern haben sie am Rand des Weizenfeldes von Bauer Aram büschelweise Ähren ausgerissen und die Körner mitgenommen.«

Julius stupfte Benjamins Vater an: »Ist denn das wirklich so schlimm? Das Feld ist doch so groß – kommt es auf die paar Büschel Ähren an? Lohnt es sich, dass sich der Rabbi deshalb derartig aufregt?«

»Nein, Julius, darum geht es doch gar nicht«, flüsterte Aram, »jeder der Hunger hat, darf sich bei uns etwas vom Feldrand holen. Aber dass Jeschua und seine Freunde es am Schabbat getan haben, ist gegen Gottes Gesetze. Am Schabbat darf man nicht arbeiten – das weißt du ja schon.«

»Aber das ist doch auch keine richtige Arbeit«, meinte Julius.

»Doch, das Gesetz ist bei diesen Dingen sehr streng: Am Schabbat soll kein unnötiger Handgriff getan werden; man soll sich möglichst nur ausruhen.«

Alle Leute auf dem Platz hatten sich inzwischen umgedreht und starrten zu dem Feigenbaum, unter dem Jeschua schon die ganze Zeit saß. Er schien kaum zuzuhören und malte mit dem Finger Muster in den Sand.

»Kommt her – ich möchte euch etwas fragen«, sagte Jeschua. Alle setzten sich in einem großen Halbkreis um ihn herum. Nur der Rabbi und der Bürgermeister standen noch etwas verloren auf der Synagogentreppe. Schließlich kamen sie auch ein paar Schritte näher.

»Was denkt ihr«, fragte Jeschua, »warum hat Gott uns wohl den Schabbat geschenkt?«
»Blöde Frage!«, grunzte der Bauer Saul. »Das weiß doch jedes Kind! Natürlich, damit wir uns von der Plagerei der Woche erholen können und unsere Tiere auch!«
»Ja, so steht es im Gesetz!«, rief Rabbi Maleachi von hinten dazwischen. »Der Schabbat ist dafür da, dass es Menschen und Tieren gut geht – und darum muss jede kleinste Vorschrift beachtet werden!«
»Ja, da hast du ganz recht«, stimmte Jeschua zu, »der Schabbat ist für alle Lebewesen da. Allen soll es an diesem Tag gut gehen. Aber bei euren tausend Vorschriften müssen die Menschen ja den ganzen Tag darüber nachdenken, dass sie bloß nichts falsch machen! Ist das etwa keine Arbeit?«
Rabbi Maleachi schnappte hörbar nach Luft.
Aber Jeschua war noch nicht fertig:
»Bei euch ist der Schabbat nicht mehr für die Menschen da – sondern es kommt mir vor, als ob die Menschen dafür da sind, dass alle kleinen Schabbatgebote eingehalten werden! Ein feiner Feiertag! Meint ihr, dass Gott das so gewollt hat?«
Einen Augenblick lang herrschte Totenstille – dann redeten alle durcheinander: »Wo kommen wir denn da hin?« – »Nein, Rabbi Jeschua hat Recht!« – »Es ist doch wirklich eine end-lose Plage mit all den Schabbatvorschriften!« – »So hat Gott es sicher nicht gemeint …!« – »Aber die Gesetze müssen unter allen Umständen eingehalten werden!«
»Ruhe!!!«
Der Bauer Saul stand auf einmal ganz oben auf der Synagogentreppe und schrie:
»So einen wie Jeschua können wir hier in Kafarnaum nicht gebrauchen. Er stört unsere alten Ordnungen und hält sich

nicht an die Gesetze. Dass der nicht der Messias sein kann, ist mir schon lange klar – aber die Schabbatschändung hat es wohl für jedermann klargemacht! Meine Meinung ist: Jeschua und jedermann, der zu ihm hält, muss die Stadt augenblicklich verlassen. Diese Leute bringen nichts als Unglück über uns.«

»Bravo!«, rief der Rabbi. »Wohl gesprochen. So ist es: Wer die Gesetze nicht hält, macht sich schuldig und muss die Stadt verlassen!«

Benjamin sprang auf: »So! Dann muss Saul aber auch verschwinden!«

Alle starrten ihn an.

Saul hob die Hand und ging drohend auf Benjamin zu. Aber Aram stellte sich schützend hinter seinen Sohn.

»Ja, letzte Woche am Schabbat ist doch die Ziege von Saul in den Brunnen gefallen – das weiß doch ganz Kafarnaum. Das Vieh hat geschrien, dass man es überall hören konnte. Und was hat Saul gemacht? Natürlich hat er die Ziege aus dem Brunnen gezogen; und einige von euch haben ihm geholfen. Mindestens eine Stunde habt ihr geschuftet, dass euch der Schweiß auf der Stirn stand. Und geflucht habt ihr auch! Gut, dass der Rabbi nicht in der Nähe war! – Und wer von euch hätte es nicht genauso gemacht? Da fragt keiner nach irgendwelchen Gesetzen. Da sagt sich jeder vernünftige Mensch: Wo Not ist, muss geholfen werden – ob Schabbat oder nicht. Und ganz bestimmt hat Gott es so gewollt! Der lässt keinen verrecken, nur weil gerade Feiertag ist!«

Alle waren sprachlos.

Jeschua stand auf und nahm Benjamins Hände. Dann schaute er zum Himmel und betete:

»Vater, Herr über Himmel und Erde, ich preise dich dafür, dass du den Unwissenden zeigst, was du den Klugen und Gelehrten verborgen hast.«
Dann wandte er sich wieder an die Menge:
»Ihr plagt euch mit den Geboten, die die Gesetzeslehrer euch auferlegt haben. Kommt doch zu mir, ich will euch die Last abnehmen! Ich quäle euch nicht und sehe auf keinen herab. Was ich von euch erwarte, ist gut für euch, und was ich euch zu tragen gebe, ist keine Last!«
Die Leute standen da wie versteinert. Wer war dieser Rabbi Jeschua, dass er es wagte, so zu reden?
»Haltet ihn! Legt ihn in Ketten! Der ist gefährlich!« Die Stimme des Rabbi Maleachi überschlug sich – aber niemand rührte sich.
Jeschua sagte ganz ruhig: »Kommt, Freunde, ich glaube, wir müssen diese Stadt für eine Weile verlassen. Vielleicht kommt eine Zeit, in der alle Menschen hier verstehen, was ich ihnen zu sagen habe.«
Er winkte allen noch einmal freundlich zu und ging mit Johannes, Simon, Levi, Andreas und seinen anderen Freunden die Gasse hinunter, die zum Stadttor führte.
»Mensch, Benjamin, unser Freund Jeschua ist einfach der Größte. Er redet ganz anders als der Rabbi Maleachi – ich habe immer das Gefühl, da steckt mehr dahinter – so, als ob er einen richtigen Auftrag hat!«
Benjamin nickte: »Der ist garantiert der Messias! Und ganz bestimmt kommt er wieder – das weiß ich genau!«

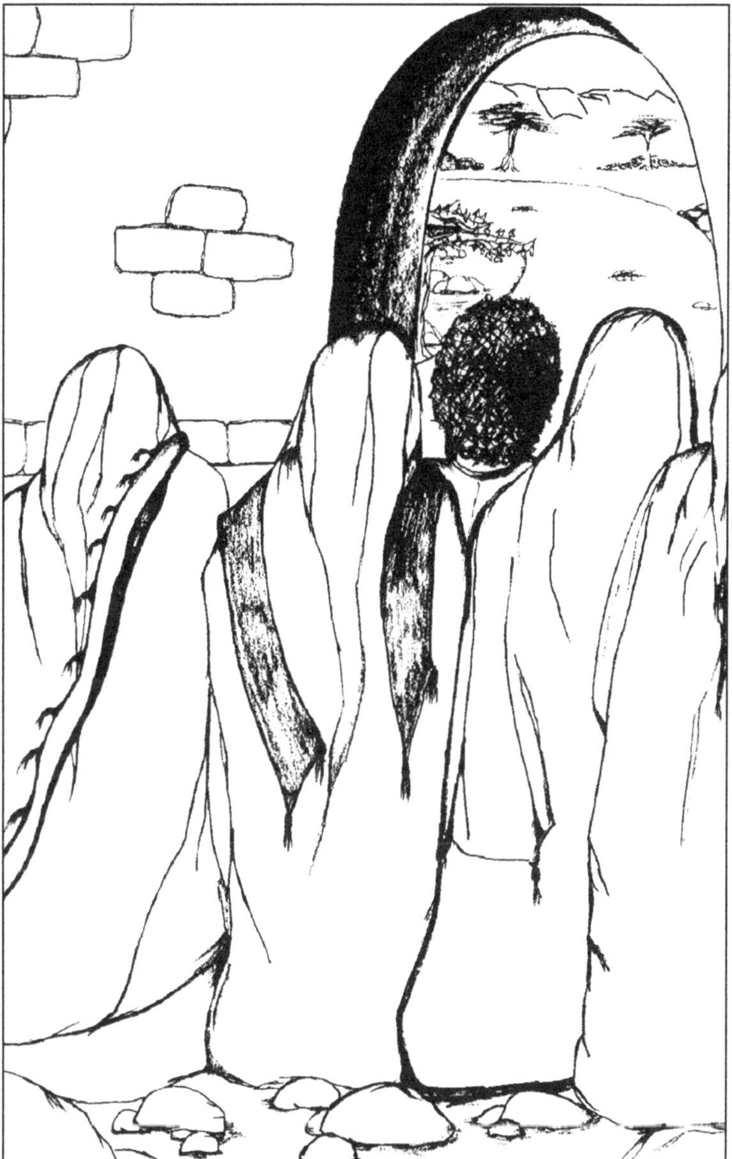

Nachwort

Das Buch handelt von Jeschua und davon, was Benjamin und Julius mit ihm erleben.
Jeschua ist der hebräische Name für Jesus.
Von ihm erzählen viele Geschichten in der Bibel. Wir haben in diesem Buch eine Reihe davon nacherzählt:
Die beiden Jungen, Benjamin und Julius, und ihre Familien kommen in der Bibel nicht vor. Wir haben sie erfunden, damit man die Geschichten von Jeschua (Jesus) besser verstehen kann. Auch der Töpfer Ephraim und viele andere Menschen in Kafarnaum sind keine Gestalten, die so in der Bibel vorkommen – aber so ähnlich könnte es damals gewesen sein. Wir wollten in diesem Buch zeigen, wie Jeschua auf die Menschen in seiner Zeit zuging – welche Erfahrungen sie mit ihm machten – was das Besondere an ihm war.

In den Geschichten sind einige Reden von Jesus so wiedergegeben, wie sie in der Bibel stehen. Wenn du sie selbst nachlesen möchtest, findest du sie an folgenden Stellen:

- ❑ Die Geschichte vom verlorenen Schaf (S. 80f): Lukas 15,3–6
- ❑ Die Geschichte vom Senfkorn (S. 85): Matthäus 13,31–32
- ❑ Die Geschichte vom Weinbergbesitzer (S. 88–89): Matthäus 20,1–16
- ❑ Die Geschichte vom Feigenbaum (S. 94): Lukas 13,6–9
- ❑ Das Gebet und die Rede von Jesus über die schweren Lasten (S. 106): Matthäus 11,25–30

Bastelbögen: Ein Städtchen zur Zeit von Benjamin und Julius

Auf den nächsten Seiten findest du Vorlagen, mit denen du dir ein Städtchen basteln kannst, wie es wohl zur Zeit von Benjamin und Julius ausgesehen hat.
Du benötigst außerdem eine dicke Pappe (ca. 100 cm lang und 70 cm breit) als Grundfläche. Auf die Pappe zeichnest du einen See, den Platz für das Städtchen mit der Stadtmauer und die Felder. Es könnte etwa so aussehen:

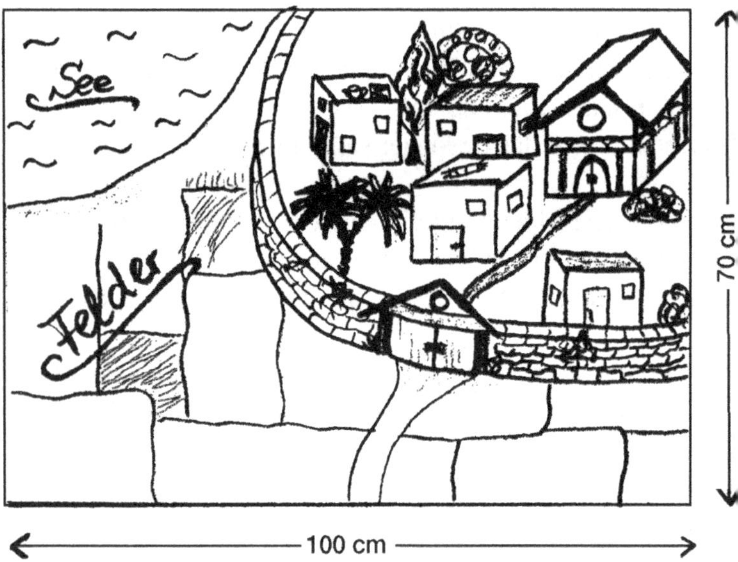

Wenn du die Figuren anmalen möchtest, machst du das am besten, bevor du sie ausschneidest. Klebe sie auf jeden Fall auf Pappe auf, damit sie stabil genug sind.
Die ausgeschnittenen Figuren bekommen einen »Ständer«, damit sie gut aufrecht stehen: Schneide dir dünne Pappstreifen (ca. 0,5cm breit) zurecht und knicke sie so, wie es dir die Skizze zeigt. Die Höhe richtest du nach der Größe der Figur ein.

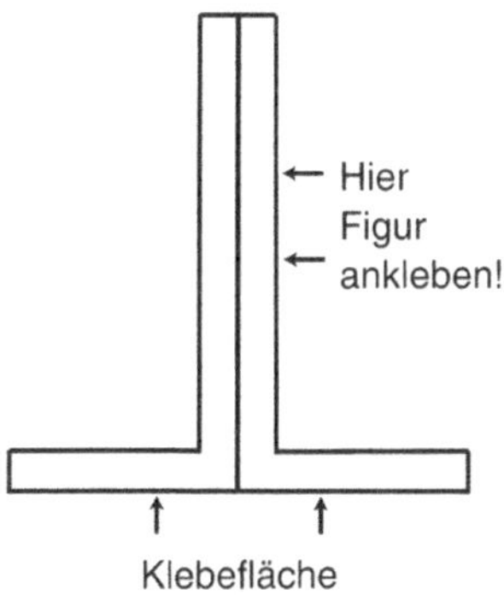

Für die Häuser und die Synagoge überträgst du den »Grundriss« mit den angegebenen Maßen auf Pappe und klebst die Häuser zu »Würfeln« zusammen. Du kannst die »Grundrisse« auch auf dem Kopierer entsprechend vergrößern und dann auf Pappe aufkleben.
Den Vergrößerungsfaktor kannst du sehr einfach ermitteln (Prozentrechnung), wenn du den größeren Wert mit Hundert multiplizierst und durch den kleineren dividierst.
Beispiel: Die Grundfläche des Hauses soll 11 cm sein; Zeichnung = 3,7 cm. Rechnung: 1100 : 3,7 = 297; dies wäre dann (in %) der Vergrößerungsfaktor. Nach diesem Schema kannst du leicht den jeweiligen Faktor ermitteln (damit der Platz opti-

mal ausgenutzt wird, haben wir die Größen auf den einzelnen Seiten nicht konstant gewählt).
Ebenso kannst du die Stadtmauer herstellen; die Länge richtet sich nach der Größe deines Städtchens.
Die Laschen der »Ständer«, an denen die Figuren angeklebt sind, werden erst angemalt, wenn sie auf dem Untergrund festgeklebt sind. So kannst du die Farben genau abstimmen.
Für die Klebearbeiten verwendest du am besten einen schnell trocknenden Kleber, z.B. Pattex.

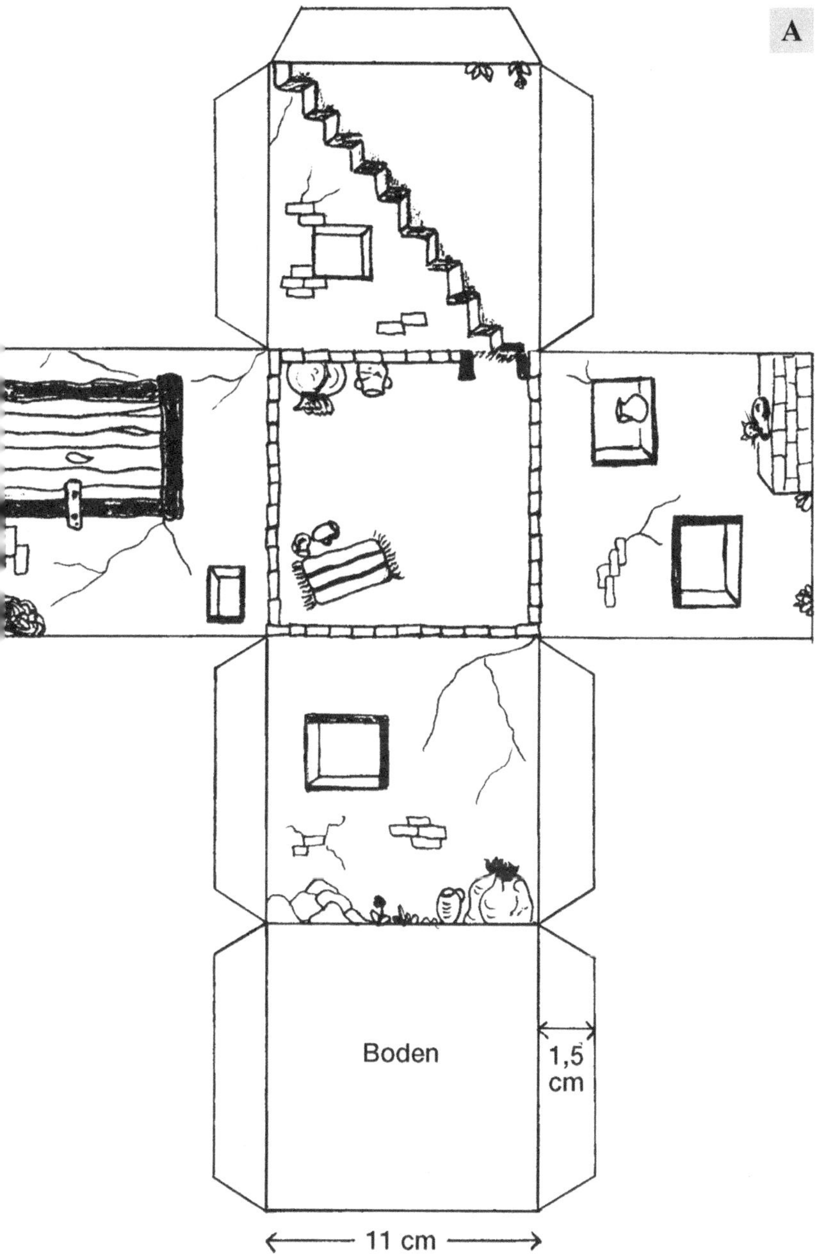
A
Boden
1,5 cm
11 cm

A

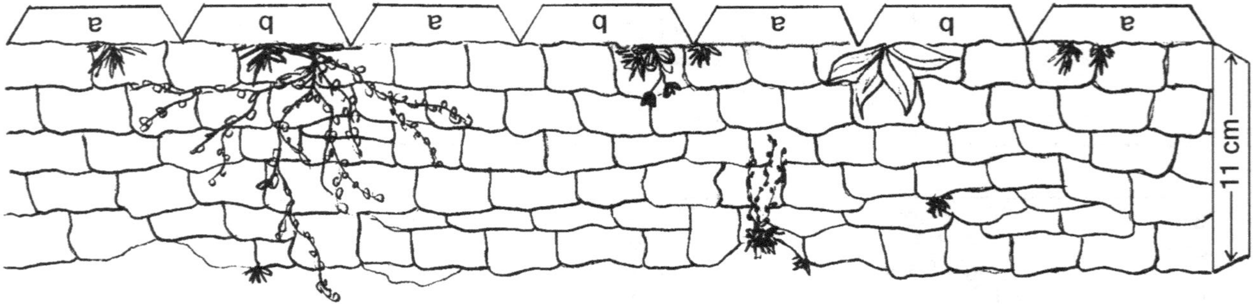

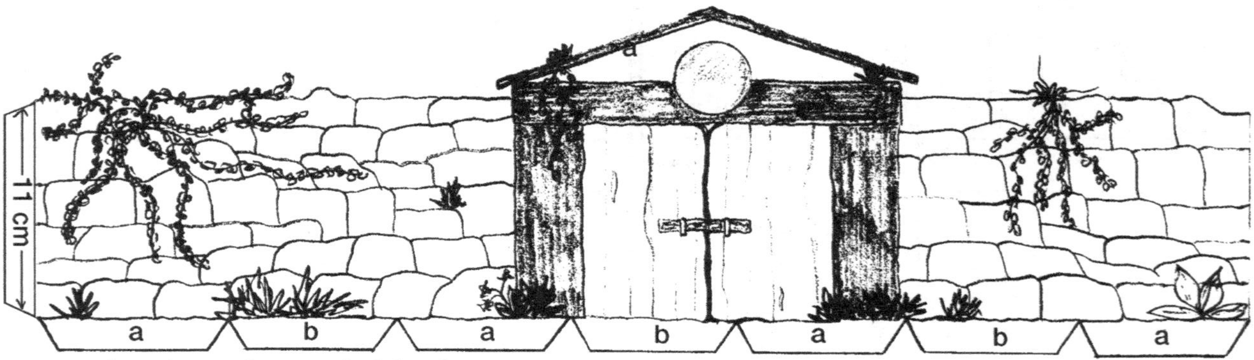

a = Lasche nach vorne knicken!
b = Lasche nach hinten knicken!

I

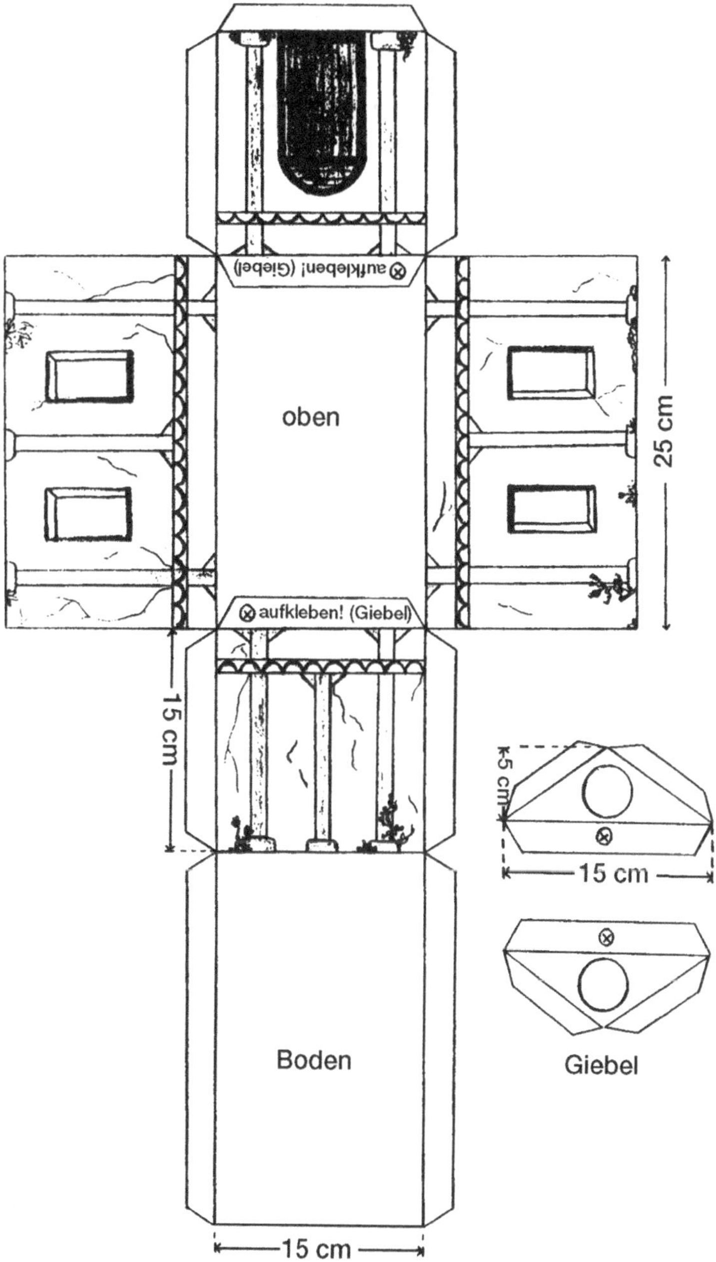

⊗ aufkleben! (Giebel)
oben
25 cm
⊗ aufkleben! (Giebel)
15 cm
5 cm
⊗
15 cm
⊗
Giebel
Boden
15 cm

I Dach der Synagoge (Halbe Originalgröße)

B

C

D

E

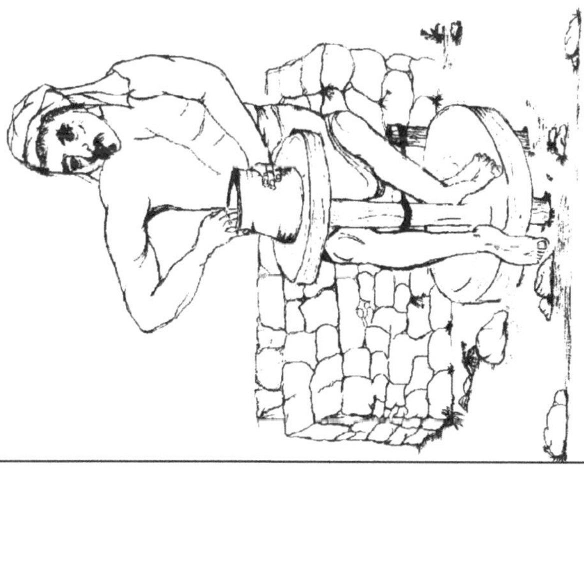

F

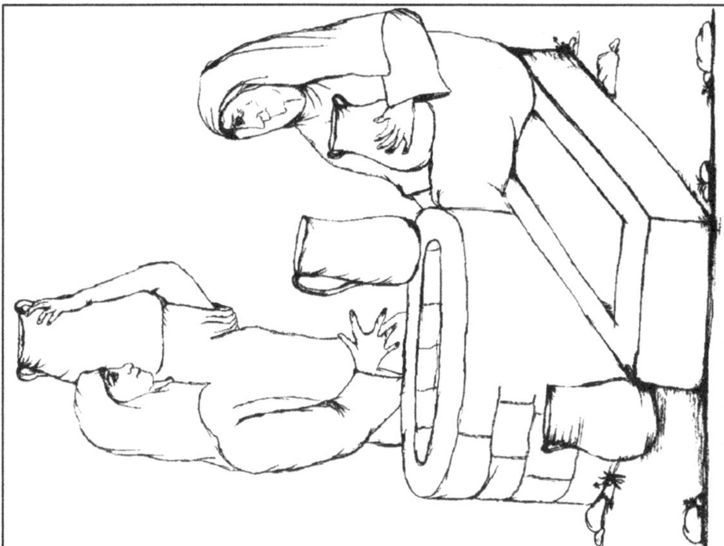

H

G

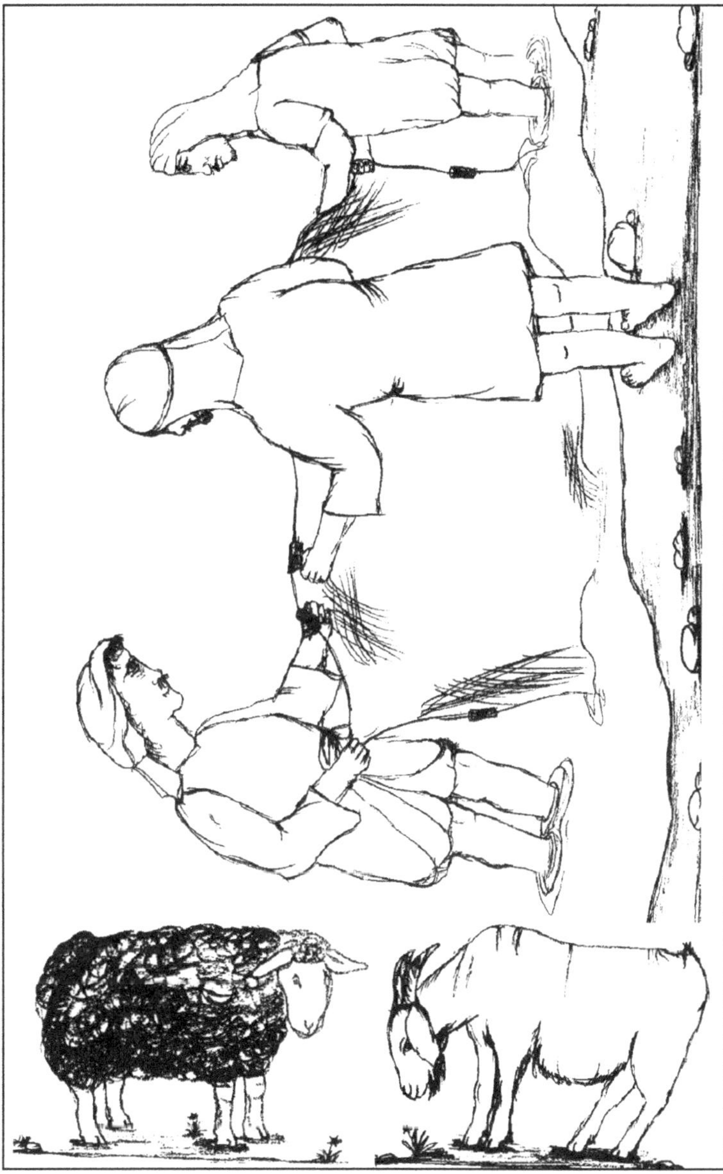

K